U0045298

天下文化
BELIEVE IN READING

科學文化 Scientific Culture 199

THE HIDDEN HALF

How the World Conceals Its Secrets

只有一半的真相

為什麼科學看不到全貌？

Michael Blastland

布拉斯藍德 著　　陳義仁 譯

致我的手足艾倫，
致我們一起送上天的模型火箭。

進步的最大障礙並不是無知，而是知識的幻象。
——布斯汀（Daniel Boorstin），《埃及豔后的鼻子：
關於意外的散文》（*Cleopatra's Nose: Essays on the Unexpected*）

CONTENTS

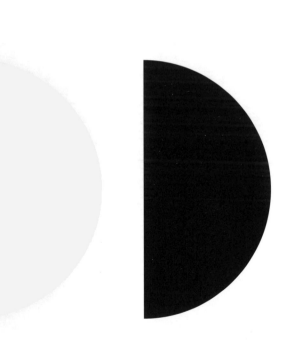

序言

大理石紋螯蝦和隱藏的一半

讓你陷入麻煩的往往不是你不瞭解的，而是你自以為
太瞭解的。

—— 可能出自馬克・吐溫 [1]

在 1990 年代中期，德國水族界業主與店家的小圈子流傳
著這樣的謠言：有種科學界前所未聞的新奇動物出現了。由於
沒有人在野外看過牠，所以也不知道牠是怎麼來到德國水族業
的。前一天還不存在，隔天就出現在某個水族箱了。

這種新奇生物後來命名為大理石紋螯蝦（Marmorkrebs）。
這支新種的螯蝦跟其他螯蝦類似，只不過有一項明顯的不同：
牠們是孤雌生殖（parthenogenesis），孤身的雌性開始自發產下
未受精即可孵化的卵。這些螯蝦不再需要交配。母親的後代都
是天然的複製生物。[2]

表觀遺傳學家呂科（Frank Lyko）說：「人們都很納悶，『怎
麼只有母的，公的都到哪兒去了？』」他還說新物種的演化通
常要花上成千上萬年。[3]

縱觀其他種螯蝦或近親生物，從包括螃蟹、小蝦、大蝦和
龍蝦在內約有一萬五千個種的十足目，據瞭解沒有哪一種是孤
雌生殖。似乎沒有人知道大理石紋螯蝦是怎麼來的，只能推測
某天某個水族箱裡，有隻螯蝦就這麼自發突變，成為大理石紋
螯蝦的夏娃。

這一切已經夠怪、夠離奇的了，但故事還沒完：就在大理
石紋螯蝦憑空出現嚇壞大家之後，牠們更即將擾亂一大堆人類
的假設。首先，牠們吸引到科學家的目光，讓人在 2003 年的
《自然》期刊上，用一篇短篇報告說書似的向研究界披露：

> 之前一直傳聞有一種尚未確認的十足目甲殼類能行單
> 性繁殖（孤雌生殖），這種螯蝦有著大理石紋的外觀，

原產地不明，並在 1990 年代中期進入德國水族業界。於此，我們證實這種大理石紋螯蝦可在實驗室條件下行孤雌生殖。[4]

複製能力讓大理石紋螯蝦在野外成為一種危害，而被稱為入侵種，只要放出一隻就能建立一整個種群。研究報告還指出，牠們「強健且極為多產」：能夠很快的成熟，然後產下一大堆卵。呂科在 2018 年說：「把牠們放進水族箱裡，一年後就會有好幾百隻。」那時夏娃的後代一逃竄到馬達加斯加，就在當地橫行無阻，不但聞名一時，[5] 也讓寫手找到了夢寐以求的頭條：「突變螯蝦的入侵」。

然而，科學界對這些複製生物感興趣的地方，倒完全是在另一個不同的方向。研究人員發現，大理石紋螯蝦有可能幫忙解決先天與後天之間怎麼平衡的棘手老問題。他們這下了碰上了理想的實驗對象。

一般而言，我們很難把事情拆解開來，去瞭解為什麼結果會變成這樣。誰要是得了心臟病，背後總會有一團糾結不清的可能原因，基因上的因素和環境上的因素都有；差錯可能出在遺傳、飲食、運動（太少／太多）、壓力、或上述因素的某種組合等等。

藉由固定住基因的作用，複製生物讓人更容易拆解出其他因素的影響。無論牠們發生什麼事，在彼此相比之後，純粹的基因差異都不能再做為解釋。[6] 這些複製螯蝦正是上帝送來研究的最佳禮物。

　　就這樣，德國的研究人員某天選了兩隻初始雌蝦，做為兩支實驗室族系的大主母，並命名為 A 和 B（對於螯蝦來說，這就像傳奇人物的名字）。他們把 A 和 B 的後代扔進水槽，看看會發生什麼事。當然，兩隻雌蝦的基因一致性已經檢驗過了，兩個族系在基因上都相同，而不只是假定相同。

　　這項研究又做得更絕。那些大理石紋螯蝦全都在相同的實驗室、相同的控制環境裡孵化和飼養，也就是牠們發展時的每一項影響因素都盡可能一致。牠們吃同樣的食物（既然有人問，我就直說吧，是德彩威化混合飼料〔Tetra Wafer Mix〕）、定期檢查疾病，而且養在裝著室溫自來水的簡易水槽。

　　研究人員甚至還安排每次都讓同一個人去檢查牠們。目標就是盡可能消除人類所想得到的一切變異。牠們從一出生就在人類所能設計最無聊的單調環境裡。

　　這些身處相同環境的複製螯蝦後來長什麼樣子呢？花點時間，大膽猜測吧。差不多都一樣嗎？或者完全一樣？

　　畢竟，我們知道這些螯蝦所有可知的一切事項，也知道當中每一隻的每一個可知事項都相同。對每隻螯蝦來說，基因和環境（生命中的兩大力量、人類理解範疇的兩大巨頭，永遠在比誰的解釋能力比較強）都是相同的。

　　可是你看看牠們。圖 1 呈現一組實驗室培育的大理石紋螯蝦，牠們全都來自同一批卵。[7] 這張圖出現於上述德國實驗室成員在 2008 年發表的研究論文，或多或少成了基因學的一大亮點。[8] 顯然，這些大理石紋螯蝦彼此大不相同。在條件相同的同批螯蝦裡，有一隻長到另一隻的二十倍重。

圖 1 這些基因上相同的大理石紋螯蝦來自同一批卵、處在同一個環境。

這些肉眼就看得見的種種差異十分驚人，體型只不過是第一項而已。研究裡幾百隻大理石紋螯蝦各有獨特的大理石紋。牠們的感覺器官有明顯的實質差異，內臟不一樣，移動和休息的方式也是不同：有的坐在掩蔽物底下，有的則是仰著身子。

另一項重大變異則是壽命，最短的 437 天，最長可達 910 天。而且開始繁殖的時間、產卵個數和批數也差異很大。有的會在產卵期間進食，有的不會。有些是在白天蛻殼，有些是在晚上。

牠們的交際情況差異更多。雖然是一起放入同一個水族箱，但牠們很快就分出階級，有的柔順，有的強勢；有的孤僻，有的合群。牠們在身體和行為上都有差異。

牠們在基因上完全相同，又活在一個一切盡可能完全相同的世界裡，但彼此卻相差甚遠。

相同但不同

從期望到結果是這麼的前後不連貫，就好像白色牆面突然就變成條紋牆面。如果這種出於相同的相異是第一個衝擊，那麼緊接在後的就是兩個想法。

首先，無論我們原本自以為對基因和環境有多少瞭解，都會突然變為「那是真的嗎？」，然後需要重大修正。通常我們會說：不是基因，就是環境；不是環境，就是基因。但這會兒從某種意義上說，似乎不是基因，也不是環境。接著，一堆假設就全都灰飛煙滅，而我們只得撓頭苦思。我們大多數人自

以為知道的發展規律應該是條件相同就不會有差異，但在現實上，卻有很明顯的差異。

下一個想法也同樣令人不安：如果大理石紋螯蝦的故事是真的（它的確是真的），那麼一定是有些別的、我們遺漏的、強大卻隱藏著的影響，才導致差異出現——順帶一提，這些差異的影響會持續一生。研究人員發現，每隻大理石紋螯蝦都能「隨機變化……在所有生命階段裡」。為什麼會變？怎麼變？牠們是活在相同環境裡的相同生物。既然我們都綁住了影響萬物的兩大因素，那麼到底是什麼因素造成如此無序的結果呢？

簡短的回答就是：我們不知道。

目前沒有令人滿意的解釋，可以說明變異從何而來。雖然大理石紋螯蝦之間的差異很大，但我們還是很難不用最籠統的說法來加以解釋，何況這些說法也無助於確認原因。

表觀遺傳學是其中一種解釋，講的是基因如何開啟和關閉，例如怎麼讓具有相同基因的細胞變成眼睛、腎臟、心臟等。表觀遺傳學也用來描述基因和環境的相互作用（GxE），以便在細胞分裂時持續產生穩定的影響。

雖然表觀遺傳學很誘人，但也只是把問題往回推：既然我們所知道關於大理石紋螯蝦及環境的一切都相同，那麼這些多樣化的表觀遺傳效應到底源自何處？表觀遺傳學或許可以解釋這些影響是怎麼造成的（因此很吸引人），但那並未告訴我們這些影響來自何處。是什麼東西按下大理石紋螯蝦的表觀遺傳開關，才以某種方式（而不是其他方式）造成這麼多的變化呢？我們並不知道。

　　另一種誘人的解釋則是短期的基因－環境交互作用，指的是基因並不直接決定生物變成怎樣，反倒是靠編碼間接的控制蛋白質，而且一生中都可能會持續受到外在的影響。

　　這就留下很大的空間給基因－環境交互作用。它跟表觀遺傳學不同，畢竟它不需要產生長期的穩定效果，但重點在於，它還是沒處理到大理石紋螯蝦案例中的難題。據我們所知，實驗室裡有關基因－環境交互作用的每項輸入都一樣。

　　後來也有人說，這些複製生物可能是為了分散演化賭注，以便在處境變動時至少有一隻更有機會撐過去，才設法長得不一樣。聽起來很合理，但無助於解釋牠們是怎麼辦到的。

　　簡單來說，我們被難倒了，而且也被搞糊塗了。當我開始向別人展示大理石紋螯蝦的照片，碰到的反應往往首先都是「可是……？」，好像這難題一定可以簡單反駁。然後他們會停下來，無言以對，瞪著眼睛。臉上顯露出困惑的表情，說不出話，舊有的信念動搖了。「所以不是……可是如果不是……那麼又是……？」這些人會很驚訝，世界上居然還有尚待解釋的差異，然後就像我們一樣，也苦苦猜想到底漏了什麼。

　　然而，只有一點可以確定：一定有東西漏了。

　　這就是我所謂無知的震撼。可見我們應該重新校準自己。我們除了不能忘記自己有多麼容易滿足於既定觀念，也要提醒自己，拐彎後說不定又會碰上什麼驚奇。

　　我們被迫開始思考。畢竟大理石紋螯蝦的變異一定有個原因，不是嗎？答案顯而易見，只是你可能會開始納悶，因為原因似乎不知來自何方。

你不禁猜想：某隻螯蝦先抓到食物，吃得比較多，長得比較大，再靠體重或精力搶到最大份好處，然後又長得更大，最終成了最大隻的，所以起始優勢翻了幾番。只不過，研究人員確實的保證，牠們全部隨時都有吃不完的東西。

個體的基因組成稱為基因型（genotype）；個體後來會有的樣子和行為則是表現型（phenotype）。單一基因型在同樣環境裡竟能產生多樣、變異的表現型，這可是近來值得關注的一大自然奇異現象。

探索潛藏的原因

我們不禁要問，相關的原因是不是還沒有發現，也許原因就隱藏在大理石紋螯蝦自身經驗中的微小細節裡。你發現自己正在摸索種種模糊的可能性，譬如是哪一隻最先感覺到早上窗戶透進來的陽光、是哪一隻最靠近實驗室門口或空調。研究人員打趣寫道，他們所謂的「微觀環境影響」由實驗設計減到最低程度，「不過絕對無法完全去除。」

我們很難知道，微觀環境的影響在大理石紋螯蝦看來會是什麼樣子。你又開始猜想：未知的微觀經驗和影響就是重大差異的根源嗎？難道那些最微小、隨機的輕推，雖然科學上看不見，卻產生回饋並放大了大理石紋螯蝦的特異發展嗎？或者，正如研究人員所說的，有些「涉及行為和代謝的非線性、自我增強的迴路」不知源自哪裡，也不知導向何方。把問題簡化後就是：隱藏的瑣事是否能夠莫名其妙發展成一團亂的結果呢？

　　奇怪的是，一旦把大理石紋螯蝦分組，其中一組就會表現出不同於另一組的變異光譜，彷彿各組裡的特定碰撞都會改變當中每一隻。即使每一組裡的每一隻螯蝦在基因上全都相同，還是會發生改變。簡單、自發的互動就是答案的一部分嗎？對於那些養在一起的螯蝦來說，情況可能有幾分如此，不過我們還是很難相信，簡單、自發的互動可以確切解釋這麼多的相異結果。

　　可是，那些分開養的螯蝦也有差異，而且差異很明顯，這又是怎麼回事呢？或許，即使牠們都有吃不完的食物，但只要同處在一個水槽，就會開始比賽，看誰先搶到第一口，讓某隻螯蝦覺得像贏家、另一隻則是輸家，而全都僅僅取決於誰最接近第一口食物。

　　這足以建立啄序（pecking order）嗎？也許最大隻的螯蝦只是基於人們想像中的螯蝦自由意志，自己決定多吃一點，跟其他影響都沒有關係。或許，如果真有純粹隨機性這種事的話，這一切的差異是不是都源自於，發展初始階段裡一點點純粹而無規則的隨機，然後一路上再被更多的隨機給推來擠去。

　　你可以看出來我在猜。其實我們都在猜。

　　無論原因是什麼，現在都是時候提醒自己，基因和環境（先天和後天）是彼此互相競爭的信念，而它們產出了一個個宏大的意識型態。之所以有數百萬計的人被屠殺，就只是因為有人宣稱，人類之間的差異是血脈相承，或是能由社會構建、設計出來。

　　科學已經走出這類簡單的二分法，但基因和環境仍在引發

尖酸刻薄而依舊血腥的爭論。然而，此處的證據顯示，這兩種傳統上所設想的解釋都不適切，就算兩者結合也還是不適切。

顯然，基因很重要，大理石紋螯蝦的後代還是大理石紋螯蝦。顯然，環境很重要，如果完全沒有食物，牠們的壽命都會很短。這兩者的力量都很巨大。另一點也同樣明顯：還有依一般理解不算是這兩者的東西密切參與其中。

是什麼東西呢？

大理石紋螯蝦的研究人員和其他人一樣，只能撓撓頭，然後把這種難以捉摸的因素命名為「不明變異」（intangible variation）。「不明變異」的意思是說，即使當一切似乎都一樣，還是會有因素使東西變異，只是我們不知道它是什麼，來源也是不明。這種叫法雖然有趣，但最終還是讓人氣餒。

研究人員用的另一個術語是「發展上的雜訊」（developmental noise），這聽起來甚至更沒用，到底有誰會想聽雜訊？絕對沒有人想浪費時間研究這種東西。研究中的「雜訊」照理是不相干的東西，應該要篩掉以便尋找一致的訊號。

恕我無禮，但去他的一致。這裡必須要解釋的是不一致。所謂的「雜訊」就是這麼引人注意的東西。這些生物不相同，而我們不知道為什麼會這樣。

大理石紋螯蝦並不孤單。變異已經成為各式動物研究裡一再出現的謎題，每個研究都嘗試要把一切都給標準化，但卻無法抑制顯著變異。每個個案裡的變異類型都不一樣（舉例來說，研究人員所看到的體型範圍並不是都很寬），但總是有變異、總是沒有解釋。

　　事實上，正因為變異問題如此廣泛可見，以致有些研究人員說，我們應該肯認發展上的差異有第三個來源。[10] 他們不知道第三個來源到底是什麼，只知道它占有相當大的一席之地。

　　一定有東西可以解釋這些差異。無論它是什麼，它都在某些情況下有足以匹敵或凌駕其他力量之和的威力；關於自然如何發展，它有整整一半、完全隱藏的解釋權。[11] 換句話說，它並不是細節，而是根本。不過，這一大片的未知是否存在，本身在很大程度上也是未知的。我跟別人聊過它，但幾乎沒有人意識到它的威力。

雜訊就是訊號

　　還有一個更加根本的問題：撇開研究界的紛擾，如果「雜訊」就是被避掉的重點呢？我的意思是，我們該去質疑自己看待「雜訊」的習慣。大多數人以才智辨認出生命重要的模式之後，只把雜訊看做遺留下來的智識殘渣——我認為大多數人都是這麼做。要是我們改把雜訊想成一股引發失序的普遍、正面力量，跟其他力量一樣重要呢？

　　就像我說的，這裡最驚人的並不是規律，而是無規律。把無規律當作某種剩餘物，然後以為總有一天可以把它解釋掉，這樣是行不通的。我們需要考慮到，重大影響並不像預期中那麼有序或具有一致性，而事物的發展跟我們觀察得到的規則、力量或共同因素沒多大關係，反倒跟大量的非共同因素更為相關。這堆非共同因素就是微觀的影響，不僅雜亂，還看不見。

大多數人習慣把這堆非共同因素想成「雜訊」，然後又把「雜訊」想成煩人的渣滓，這種習慣貶低了生命的一大神奇成分。

　　據大理石紋螯蝦研究人員所說，未解釋變異（unexplained variation）的問題「幾乎未被觸及」。仔細想一下當中的意涵，實在是令人難以置信。我們太沉迷於追逐秩序的線索，以致似乎沒有正確的去探查無序的力量。這種造成差異的不明力量看似如此驚人、如此強大、卻又如此缺乏研究和清楚描述，它究竟是什麼？還有哪裡會出現類似的問題？

　　不得不佩服那些衝來衝去、碰撞籠子的大理石紋螯蝦。牠們跑進野外到處為害，成了我的榜樣。我很想把牠們所啟發的問題弄得同樣惱人。

　　我們需要認真考慮，應該有另一股隱藏的力量，也該重新評估某些雖然有力、卻被斥為「雜訊」而遭掃到角落的東西。我們還需要反思，這股力量造成了多少崩亂。

　　如果把複製生物放在同一個環境，盡可能簡化和控制相關問題，牠們還是會因為不明變數的威力而長得不一樣。那麼當我們面對個人、企業或政策等有著無限凌亂的複雜事物時，又有多大把握可以標出差異的來源呢？

　　至少，我們可以多加留意，瞧瞧細微而意外的變異如何顛覆我們自以為知道的事物。既然我們知道，必須先搞懂某樣事物何時會像另一樣（從而表現得一致），才能宣稱它已經讓我們理解了，可以掌控；那麼，要是有類似的不規律力量，把同樣被低估的影響施加在生活的其他方面，例如政治、商業、犯罪、教育、經濟、以及我們如何決策等等，又會怎麼樣呢？

不管怎樣，「能夠轉移」是知識最基本的特質，否則知識就無法應用在社會上或科學上。當我們想要應用知識時，它應該要能推廣到任何情況，要不然就稱不上知識了。當它不如預期般轉移的時候，那很顯然就是知識失靈。

我們自以為知道一些事、自以為看過知識起作用、自以為理解知識為什麼行得通；然後也許只是換個稍微不同的情境，試著再次應用知識，期待它一樣行得通，但結果卻是行不通。這時我們才會勉強承認，自己並不像自以為的那樣，真的知道事情是怎麼發生的。

在大理石紋螯蝦的案例當中，就連基因和環境這兩股巨大的力量也無法如預期般轉移。儘管研究人員固定住這兩種影響，似乎讓牠們之間沒有產生不規律的餘地，但這些螯蝦卻是出奇的不規律。我們不得不推斷，傳統上所理解的基因和環境，並非原先以為的完滿力量。[12]

我跟許多人一樣，也喜歡覺得自己非常理性。我這個人從裡到外都支持科學。但是，大理石紋螯蝦提醒了大家，每當我們自以為知道的時候，有多少因素是沒考慮到的、有多少因素仍然是隱藏著的，而我們又可能成為怎樣的危險傻瓜。[13]

神祕變異

本書提出三個觀念（或者稱為論點）。首先，縱使大理石紋螯蝦等例帶來的奧祕和驚奇重挫了人類的理解，但我們需要更欣然的去面對。我將帶領各位特別檢視類似大理石紋螯蝦的

案例，當中每一個都會讓人懷疑，人類能多有把握辨識出模式和秩序。

儘管人類非常擅長辨識模式和秩序，但有太多人都輕忽自身聰明的局限。我們的理解經常會有隱藏的一半，那是我們必將遺漏、甚至不想承認的。我認為這個問題的證據相當充足，而本書就是要把證據呈現出來。

但我們要怎麼解釋它呢？這就引出了第二個觀念。

先前已經提過一種方式，就是直接把造成所有麻煩的成分稱作「雜訊」或「機遇」，簡單了事。所以，我們可以說那些大理石紋螯蝦之所以有差異，是因為「機遇因素」，然後聳聳肩，繼續前進。這並沒有錯，只是還不夠。我們有強烈理由用別的方式來處理這個問題。

機遇可能感覺就像某種天意，而雜訊就像某種乏味刺激，兩者皆是抽象概念，也都缺乏實質內容。同時，這兩個詞可能都太過認命，也太過輕蔑。用這種反應來面對如此驚奇的事，其實是不對的。我想我們可以做得更好，我們可以生動的呈現這些抽象概念，並把它們化為引發無序的正面力量。

還有另一種方法可以解釋「為什麼我們知道的比自以為的少」，那就是訴諸人類非理性或認知偏誤：我們會有系統的扭曲和建構現實，導致誤判和差錯，進而局限我們的理解。

認知偏誤無疑占有一席之地，但我大致上會加以忽略。有一部分是因為，認知偏誤得到的關注已經夠多、夠好了。但我也有點質疑目前的做法，一直強調人類的認知局限可能會讓人覺得，想要克服認知局限，就只需要變得聰明一點——當然，

如果讀過談認知偏誤的書籍，確實會變得聰明一點。

就像我所說的，大部分的問題主要不是出於多數其他人的心理執拗（並不是指讀過書的各位），而是來自這個世界捉摸不定的難搞屬性；所以，自詡才智非凡將使我們原地踏步。人類確實會抄心智捷徑，也確實會出錯。雖然這個問題在某種程度上無疑跟思維有關，但人類之所以抄捷徑，就是因為要對付的事情非常複雜。問題的核心往往就是這世界的難搞屬性，而且難以克服。[14] 即使你是哲學家所夢想的理性典範，還是沒有辦法進一步發現大理石紋螯蝦為什麼如此不同。

所以，雖然人類有可能真的充滿認知缺陷，導致我們看不到這世界的真實樣貌，但我們依然得問，這世界到底有多麼寬廣，居然能超出人類最理性的理解，而且還這麼難以簡化。無論如何，我們應該更努力思考這世界難搞屬性的本質。

於是產生了第二個觀念，就是暫時撇開關於理性的疑問，也撇開機遇和雜訊等標籤。相反的，我們將探究這個充滿神祕變異的隱藏另一半，把這一半視為引發崩亂的正面力量，並試著多加探索它是如何動搖我們所自以為知道的事物。

最重要的是，我會盡力將它的特徵描述得生動難忘，當中會有差異、無序、變異和不規律等術語。這麼做不但可以凸顯知識和挫折之間有何關聯（前者是基於期望「規律」，後者則是期望「被不規律破壞」），還能讓我們清楚看到這兩者彼此如何作對。

通往這項概念的關鍵就是，體悟到「差異」也意味著「無知」。我們預期會相同、接著就自以為理解的事物，往往並不

相同。大理石紋螯蝦之間的神祕差異，是否也存在於別處呢？我相信那樣的差異幾乎無處不在。我們追求的是法則和一般真理，但現實卻往往由意外怪象拼湊而成。

試試這些觀念，接著廣泛的去應用，然後人類就會開始設想，世界充斥著強大但神祕的差異，而我們居然看不到。

無論是在政治和政策、商業、醫學、經濟學、心理學、人類發展、整個科學、或其他地方，我們都將從證據上看到，被人類奉為知識的法律、原則、教訓、力量、發現，往往不能像我們所以為的那樣，能順利從經驗或理論轉移到實務，或從現實生活的一個情況轉移到另一個情況。而且，在每個個案中，思考隱藏的那一半有助於我們知其所以然。

面對我們的局限

既然有「知識不足、難搞有餘」這兩個想法，那當然需要第三個想法：說白了，就是「如何應對」。如果我們知道的、以及可以知道的事物比自以為的要少，如果這世界沒有我們想得那麼輕易守規矩，我們該怎麼做？

對於某些人來說，這是整個論點裡最不受歡迎的部分。當我拿來試講給一批批的新聞工作者和其他人，他們的反應一開始往往是否認：「你憑什麼說我們不知道啊！」之類的話；又或是「但我們最終總是達到目的啊，你有什麼毛病嗎？」

然而，當我接著討論到更多本書所探討的證據後，氣氛就轉向失敗主義，有時還帶點恐慌：

「我們什麼都不知道嗎？我們該怎麼辦，放棄嗎？」

或者：

「你的意思是什麼啊？你想說世上的一切都沒意義嗎，沒有哪件事是真的嗎，沒有哪個道理是行得通的嗎？」

但他們會慢慢調適過來。他們會想出策略，不再樂觀的說自己就是知道，而是用僅僅一半的理解來應付現實。他們想通了、接受了萬事皆有可能。正如經濟學家凱伊（John Kay）所說：與其說「我真的需要知道這部分」，我們更需要說「我沒辦法知道這部分，那麼我們要怎麼應付自己不知道的世界。」

我先報告好消息：情況遠非絕望，沒有必要萬念俱灰。所以第三個觀念（概述於最後一章）就是，在一個充滿可怕不確定性的世界裡，我們該做哪些事——其實有很多事可以做。

正如本書卷首所引用布斯汀（Daniel Boorstin）的文字，進步的最大障礙並不是無知，而是知識的幻象。我們迫切需要驅散其中某些幻象，以便更清楚的看見前方的路。若能更敏銳感知這世界的微妙機巧，也許會有所幫助。

稻草華廈

「我是記者、寫手。我到底懂什麼？」這個提問並不代表我謙虛，而是我心存敬畏。我隨時隨地都問自己這個困難的問題，而我別無選擇，只能穿越學術重洋，虛心求教。

原因有二。首先，因為我是記者，所以可以不必管專業分工，想追蹤什麼觀念都可以，而且還可以傻傻的跨領域，去尋

找並結合種種觀念。

其次，我很關心這些觀念如何出現在公共討論上。無論採用什麼理論，只要是有關人類所知事物的公共討論，都沒辦法搞定事情。（順帶一提，我喜歡理論，但不滿意公共討論。）如果大家改用更務實、更直觀的方式來談「為什麼人類經常對自稱瞭解的事一無所知」，可以幫助我們更有把握的搞定事情嗎？

只要大家採用正確的方式來構思問題，應該就有可能削除一些偽裝、改掉一些習慣、也許還多提倡一點帶有建設性的現實主義。我們該怎麼更生動的摹想整個問題，以便提高對問題的警覺心呢？如果我沒猜錯，這在某程度上跟想像力有關。也許我這個蠻幹的通才可以試一試。

比較讓我吃驚的是，很多人這麼說：有大量研究發現說生命是由穩健理解所蓋成的耀眼大廈，但我們過於好高騖遠，不知怎麼回事做過頭了，導致現在才警覺到這並不是事實。我們可以肯定，研究發現很豐碩。但是，科學家無法複製、重現彼此的成果，導致大廈已經開始以驚人速度崩塌。

你可能聽過複製危機，甚至專業危機，或研究可信度危機的話題。請稍微消化一下這句話：「研究」面臨著「可信度危機」。意思是我們不確定該相信什麼，即使來源是那些志在查明該相信什麼的人。

如果連知識工廠都不能可靠的提供知識，那麼我們就知道麻煩大了。根據某項估計，大多數已發表研究都是虛假的。[15]有位真正受人尊敬的研究者說，我們已經不喜歡堅固的磚房，

反倒變得太愛建造稻草華廈。[16]

　　這種關於危機的說法可能太超過，部分原因在於這種情況說不定已經好幾十年了，而我們不曉得整個問題是否真的比從前更糟。不管怎樣，科學並沒有壞掉，它仍然產出大量好成果，但它無疑正在重新大力反思方法和可靠性。對任何圈外人來說，那都是一種震撼。就連護航者似乎也同意，我們最近揭開了巨大的改進餘地。

　　在英國脫歐公投的時候，人們對於專家的爭議突然加劇，導火線是英國政治家戈夫（Michael Gove）的一段評論，媒體把那句話廣泛報導為「人們已經受夠了專家」。公平的說，戈夫並未一竿子打翻所有專家。他其實沒有那麼輕率，而是說：「人們已經受夠了，專家在一個個各有簡稱的組織宣稱他們知道怎樣最好，卻又一次次搞錯。」如果專家所做的就是這樣，那麼整段話挺合理的。他沒說人們是否也受夠了政治人物，而我猜當時他還沒有聽過研究可信度危機或複製危機。這些危機更為嚴峻，而且依舊沒有得到充分報導。

　　本書寫作的背景就是那麼嚴峻，大家都很擔憂人文社會科學的知識失靈，還有人發起提振表現的運動。這場運動有好幾個名字，「後設科學」（meta-science）是其中之一，就算你還沒有聽過，哪天也有可能會碰到。有些人說它會是一股向善的力量，因為我們終於意識到問題，這意味著問題能獲得處理，進一步又預示科學將會更好。

　　無論正面與否，整個訊息似乎是說，我們一直都太相信自己有能力看出模式、察覺規律和進一步的知識，卻又太輕忽有

些不當誘因會使研究人員產出眩目但虛假的知識發現。當你深入探究這樣的背景，就會發現有許多立意良善的才智之士，都瀰漫著苦惱和困惑的強烈情緒，他們都被捲入一場體制動蕩。但是，當你跨學科閱讀，還能發現其他無法忽視的情緒，例如尷尬、震驚和挫折、憤怒、偶爾否認，但更常見的是改善的決心。總體來說，是有一絲革命的氣息。

我們這些從其他行業旁觀的人應該深呼吸，坦率的想一想自身的理解來自何方。儘管研究界的嚴謹度通常比其他地方來得好，但他們還是在無意間搞砸了，而且規模之大令人擔憂。難道我們這些外人還覺得自己可以倖免嗎？

似乎不可能。一座座用既定智慧蓋的華廈，近來就像貧民窟清拆般倒下。舉幾項驚人的政治事件做為例子：美國川普和法國馬克宏這些相對在圈外的人當選；或歐洲許多地方的民粹右派興起。

可以再想想英國脫歐公投，或是柯賓（Jeremy Corbyn）的崛起，大多數觀察家都評估這位左翼國會議員出任黨魁的機會為零，但他隨後卻穩穩接掌。有人說，就連民主也突然開始退潮。[17] 看著政治前提紛紛倒塌，弄到有位政治學教授公開自問，是不是到了讓她和同事撕掉講義重新來過的時候。[18]

接著是經濟和商業，附上其中的全球金融危機、深度衰退、緩慢復甦，以及許多經濟合作暨發展組織（OECD）國家都有的長年生產力低落問題，[19] 加上某些主要經濟體平均收入成長出現空前的卡頓──總而言之，我們不得不懷疑該是時候來一大份哲學家所謂的認知謙遜（epistemic humility）（我們這些

外人所謂的知識謙卑派〔intellectual humble pie〕）。只要人類自以為懂，就是在自欺欺人。

至少，研究可以找出自身的錯誤，這已算是救贖；而且，透過後設科學之類的運動，它正在搞懂哪裡出了錯，以及哪些做法要改變。那些醫生開始醫治他們自己了。

這使得本書能夠竊取他們的洞見，以便重新評估人們應該如何試著查明事情、論證、分析證據並判斷該怎麼做，為各行各業提供借鑑。

當然，儘管跌跌撞撞，但知識真的有所進展。我甚至會同意有些人說的，晚近的挫敗回過頭來推動我們前進。我的論點並不是說人類注定失敗，也不是說我們的努力總是搞錯方向，而是說人類忍不住把模式建構本能開到十一，但生命卻只給了五。

我們太常大膽宣稱某些浩瀚力量有法則一樣的效應，但所憑藉的卻是應受責備的過度自信，結果導致我們浪費時間、金錢、才華和精力，並減損真正的進步。我想挫挫這種過度自信。我希望我們的宣稱與任務的難搞程度彼此相稱。我們需要提醒新世代，別忘了先前每一世代的過度自信，別忘了世上仍有多少東西要去懂、要去做，還有最重要的是，別忘了生命的原始材料有多麼頑強。

但有一條附文。如果有人想把本書當作藉口，藉以抗拒不合己意的證據，或認為反正我們被無知籠罩，所以沒有誰的意見比較好，那麼請在這裡打住。我無意輕視或勸阻真正、謹慎而謙卑的求知努力，也無意連著稻草華廈一起敲掉堅實磚房。

　　反科學、喜歡譏嘲質疑的人會說，一切都是不確定的，所以什麼事都做不了。我猜，有人可能一下子就把本書解讀成上述的態度，但這誤會大了，我完全拒絕那種觀點。相反的，我想要更多堅實的證據，這樣才能讓我們的決定和行動更加可靠。我完全明白要做好有多難，所以我讚揚那些肯用良心和細心，致力於解決整個問題的人。

　　這就是我們必須肯認自身局限的原因，我們得試著理解局限如何出現，用著更加小心的步伐，積極測試我們所知道的事物。曾有人說，無論世界上是不是到處充斥假的懷疑論，真的懷疑論永遠都不嫌多。[20] 我希望本書是真的懷疑論。目標並不是譏嘲質疑，而是把事情做得更好。

　　那麼，在隱藏的那一半裡到底發生了什麼？

第 1 章

比爾不是班

人生路上的隱藏影響

讀者諸君,請你們暫時放下書來想一想吧,人生的長
鏈不論是金鑄的也好,鐵打的也好,荊棘編成的也好,
花朵串起來的也好,要不是你自己在終身難忘的某一
天動手去製作那第一環,你也就根本不會過上這樣的
一生了。

—— 狄更斯,《遠大前程》(*Great Expectations*),
    1861 年(王科一譯)

　　你的內心充滿懷疑。大理石紋螯蝦確實極其不規律，而且留下許多未解問題，但牠們只是某種奇怪的螯蝦。牠們既不是人，也可能一點都不像人。我們不曉得大理石紋螯蝦是怎麼思考的（如果牠們會思考的話），所以我們無法盤問牠們來得知原因，只能充分仔細觀察牠們的遭遇，去找出關鍵影響、因果關係的模式。

　　毫不意外，牠們生活中的變異來源是隱藏的——至少我們看不到。

　　接著就讓我們轉向人類。我們總是不禁想要看出人類的模式，也許在人類這裡，我們至少可以挖出一些在螯蝦那裡看不到的不明原因。畢竟人類並不像大理石紋螯蝦，人類能談論經驗怎麼形塑自己。

　　我們之所以去探尋人類經驗裡因果關係的模式，就是想要瞭解這些模式到底有多實在。這些模式究竟要有多規律、多一致，才能做為可轉移的有用知識呢？又或者，人與人之間是否就像複製螯蝦那樣，也有充滿神祕變異的隱藏那一半會顛覆我們的理解？

　　為了找出答案，我們將在本章檢視各種人類的案例，你可能會期望看到清楚的模式和秩序，然後瞧瞧它們有多穩固。我們將從麥克·泰森（Mike Tyson）的生活開始，這位前拳手能夠大談他的童年怎麼形塑自己，而那也許能幫助我們思考：人類改變行為舉止的決定有什麼因果模式。

全都因為……

麥克·泰森在貧民窟出生。泰森小的時候全家搬來搬去，住的都是危樓，他那不是生父的老爸很快就跑掉了，而酗酒的老媽會暴力對待任何冒犯她的人，連孩子也不例外。

《滾石》雜誌有篇小傳記，說泰森靠著打家劫舍、向人動粗、吸毒來「尋找身分認同」。他十一歲開始吸古柯鹼，到了十三歲就已經被捕三十八次，最終進了特萊昂少年學校（Tryon School for Boys），這所學校在別處又稱為紐約最惡名昭彰的少年監獄。正如他在自傳中所總結的：「我幹過很多鳥事。」[1]

難怪麥克·泰森長大後自封為地球最壞惡人，犯罪記錄愈來愈長。成年的他咬掉了另一位拳手的耳朵，更因強姦入獄。但是，他還能變成怎樣呢？他會搶著說，就連在拳擊之外，他整個人生也都是由暴力來定義。（只不過，還有麥克他哥哥這個個案。）

「鋼鐵麥克」本人在另一次採訪說：「有一次，我媽跟一個叫做艾迪的傢伙打架，打得很野蠻。艾迪打掉了她的金牙，我和姊姊丹尼絲都在尖叫。可是我媽不是省油的燈。她去燒了一壺水。接下來我所知道的，就是她把開水倒在艾迪身上。結果艾迪尖叫起來，背上和臉上都是水泡。」

這位前重量級世界冠軍認為這些影響形塑了他：「我曾經覺得女人打起架也不輸人。從小我周圍的女人都不是被嚇大的。要是你睡著，她們可能會殺了你。」我們不幫泰森的行為開脫，但或許可以說，要是你的人生始於殘暴之中，事情就會

這樣。經歷決定了命運。或者說，要不是麥克・泰森還有個哥哥，我們可能都忍不住那麼想了。

在麥克自己說的種種童年行竊和被捕故事裡，麥克的哥哥羅德尼・泰森（Rodney Tyson）也參了一腳，據說他還曾經面對面持槍對準麥克。[2] 但羅德尼後來卻成為洛杉磯某醫院創傷科的手術助手，工作內容包括協助包紮犯罪受害人。[3]

「犯罪的童年對年輕人的未來具有形塑能力」，這樣的看法會受到什麼影響呢？也許改變不大。也許我們會開始在心裡編列一整串「如果」和「但是」，來試圖解釋差異。也許我們會改變思路，想知道羅德尼是否也被過去糾纏，只是他不同於麥克，反倒對抗過去、甩開自身背景的框架、甩開自家和鄰里的暴力和犯罪，把人生投注於治療創傷。

瞧，他也像弟弟一樣被過去形塑，只是走往相反、憐憫的方向。

可是，如果同樣的背景造成兩兄弟變得如此不同，那麼這個背景到底指向何方呢？是成為厭女的暴徒，還是以助人為志業呢？當源自同一極端地方的兩條路徑最終分得這麼開，我們又能多有把握說，同樣的犯罪出身會有一致的影響呢？

還有一些事情讓情況更複雜。麥克十幾歲的時候，被一位嚴父般的拳擊教練納入羽翼之下，讓他看到優渥生活和遠大前程。據瞭解，他住在一幢維多利亞式豪宅。就算還是出於歹意，他的生活變得有紀律了。如果我們想要的話，麥克・泰森的故事很容易擺進一個充滿重大原因的世界。好了，現在確切的因果是哪個？

　　也許有人會說，當麥克・泰森遇到他的拳擊教練，一切都已經太遲了。也許有人會說，正是突如其來的優待造成傷害，或者教練的激將話語讓事情變得更糟。也許，十幾歲就希望坐擁財色的夢想，為整頭怪獸的打造過程收了尾。或者，也許這個熱愛馴養鴿子、自稱害羞受怕的孩子從小到大都被誤解。儘管如此，也許有人仍然堅信，任何像麥克・泰森那樣長大的人，十有八九都會保持像麥克・泰森那樣。

　　即使這些說法聽起來有些道理，我們還是要再考慮一下相關的局限，因為這類臆測也有可疑之處。其中有幾分是事後才掰的故事呢？我們是真的看出秩序、某種因果模式嗎？或者我們只是把想要的細節給兜起來，好證明自己偏愛的兒少發展理論呢？

　　接下來又有一串問題來測試我們的知識局限：如果有個少年犯，那麼我們有多大把握判斷他會不會成為成年犯呢？是否有某種類型會持續犯罪，又有某種類型不會再犯罪呢？他們的背景裡有哪一點能幫助我們判斷嗎？先聲明一下，我們關注的並不是年輕人如何開始犯罪，而是那種最極端的早期經歷（犯罪童年）如何形塑成年生活。

　　對了，歡迎進一步想想那些犯罪率最高的習慣犯。身為街區裡最壞的孩子是否提供了線索，告訴我們他成年後會不會在哪時改正？又或者，跟四十年前就金盆洗手的人相比，那些六十幾歲還在闖空門的人，是否生活上有哪些地方與眾不同？如果答案為「是」，那麼我們可以說，至少看似存在著某種模式。但我們真的可以這麼想嗎？

共同的開始，分歧的人生

勞布（John Laub）和桑普森（Robert Sampson）對犯罪少年做了一項難得的研究，主要在探討這些模式有多少是真的。他們把成果出版成書，叫《共同的開始，分歧的人生：從犯罪少年到七十歲》（*Shared Beginnings, Divergent Lives: Delinquent Boys to Age 70*）。[4]

故事是這樣的，這兩位社會科學教授有一天在美國哈佛法學院地下室偶然發現幾盒塵封資料，裡頭所裝的研究是關於五百名孩提時期惹禍上身的男性，另外還有五百名背景類似但並未惹禍的男性。

這是一項驚人發現。原始的研究[5]找了 1928 年到 1930 年出生於波士頓的男性，追蹤他們直到三十二歲。勞布和桑普森分析了這份資料，然後從它停下的地方接手，進而完成兩人的研究。勞布和桑普森為了這項歷來最長的犯罪行為生命歷程研究，盡可能的追查出這些男性。他們犯下的罪行數以千計，從欺詐到持械搶劫和嚴重的人身暴力都有。最早的被捕紀錄是在七歲，最晚的是在六十九歲。

光是找出這些人就是個偵探故事。資料裡最新的地址都已經是三十五年前的了。社會安全紀錄七零八落，電話號碼缺了一堆，就算有也往往打不通。有些人還是因為猜到他們把名字給美國化，換掉搜尋關鍵字才找到的，例如，從巴斯夸雷（Pasquale）改為派翠克（Patrick）。到了最後，研究人員更向波士頓警局兇殺部舊案組的一位警探求助。

有些人被找到後不願多說。當中少數人覺得往事不要再提，其他人則是覺得最近的事沒什麼好講。倒是有個據信涉及組織犯罪的人，簡單扼要叫他們別再來打擾。也有些人已經去世。他們訪談的地點包括住家、漢堡店、老爹甜甜圈（Daddy's Donuts）、甘迺迪圖書館、一部瀰漫菸味的破舊棕色福特汽車、以及監獄。

兩人之所以付出這般了不起的巨大努力，是因為他們篤信：他們將能準確找出某些影響，以試著指引罪犯改邪歸正。如果我們知道相關機制，也許就能加以改變。

但是，儘管他們非常努力，卻還是碰到一個問題。「令我們著迷卻也驚恐」，兩人發覺，他們根本無法從手邊的大量資料判斷任何特定人士在成年後是否會繼續犯罪。結論等於什麼都沒發現。雖然似乎真的有些人傾向遵循某條路而走，但也有大量證據顯示，有些人會改變。

但是，誰會照著路走，誰又會在何時改變，就是另一回事了。勞布和桑普森整理了罪犯的生活歷程，再跟其他早年生活差不多但後來變得守法的人對比，試著在分歧的生活和經歷裡搜索關於未來的線索，結果發現，無法明確指出哪件事情可以告訴他們哪個人會走哪條路。有些少年犯不會再犯，有些會繼續，有些則反反覆覆。他們的背景裡沒有什麼事情可以解釋原因，於是有了那個書名：《共同的開始，分歧的人生》。

我們所知道的是，大多數人最終都會停止犯罪。但是，對於任何我們想定義的群體來說，戒絕犯罪的梯度（gradient）差不多都相同，而對於任何個人來說，似乎並無法預測改變發生

在什麼時候。

勞布和桑普森的結論既直白又完整：

〔我們〕不認為早早涉入反社會行為、成長於貧窮之中、在校表現糟糕等童年經歷是牢靠的標記，它們不足以用來預測犯罪的長期模式……也不認為低語言能力、低自制力、執拗性情等個人「特質」可以解釋少年犯的長期模式……〔以及〕罪犯能被整齊歸入不同分類，每一類都顯現出獨特軌跡和犯罪病因。

同樣的，他們也「不同意決定論、不認為能用童年因素來預測是否守法……著重於過去的話，實在有太多結果無法解釋」。正如勞布在別處說過的：「我一再想起詩人金內爾（Galway Kinnell）的話，『未來會踐踏所有預言』。」[7]

他們的推論甚至也適用於最嚴重的個案，他們說：「利用各種兒少風險因素來預先找出生命歷程持續犯罪者（life-course persistent offender，嚴重、高犯罪率的習慣犯），這件事就算不是不可能，至少也是很難的」。正如某位評論者說的：「持續犯罪者的童年特質……就跟那些停止犯罪的人一樣。」

桑普森說：「童年不等於命運」，從某方面來看，這項研究令人振奮。至少在這種情況下，研究上的挫折代表人們的希望：「那些犯罪少年全部都有相同的不利背景，他們很窮、他們都有犯罪紀錄、許多人都被扔進同一所矯正學校；然而，他們之中有些人後來工作三十年從未缺席，也有些人持械搶劫，

五十五歲還在坐牢。」[8]

在事後放馬後砲並不難，我們很容易就能找出貌似可信的理由，來解釋個人過去的某個顯著因素造成他的成年行為。但在事前，我們卻無法指認出讓犯罪少年變成成年持續犯的因果影響。誰會繼續犯罪、誰會改邪歸正？我們不曉得，只能說大多數人最終都會洗手不幹。我們之所以不曉得，理由並不在於某種認知缺失，而是在於生命的迷霧。

他們說，這個問題就體現在齊克果（Søren Kierkegaard）的格言：人生必須往前活，有朝回顧方能懂。雖然，正如我們所知，有各種力量形塑了人生，當中也包括生活（生命開展過程中的特殊經驗），而經驗就像詹姆斯（Henry James）所寫的，是「一種廣大的感受，可以有無限的閃閃細節」。

處境選擇

我一定要先說明，我們並不是對背景和犯罪的關係一無所知。本書是說有一半藏了起來，而不是說全部都被隱藏。勞布和桑普森就發現有明確的證據顯示，孩子的出身家庭如果有他們所謂的「照管不足、偏差／威嚇管教、親子依附關係薄弱」，則更有可能成為犯罪少年。這不是命運，而是機率差異，實際上就是如此。

回過頭來看看隱藏的一半。具上述背景的人一旦犯了罪，之後的犯罪模式跟不具上述背景的犯罪青少年有差異嗎？並沒有。大約十五歲以後，似乎就相差無幾了。或許，正如兩位

作者所述，無論是犯罪類型理論，還是低語言智商和父母犯罪等風險因素，都不能「區分高犯罪率的習慣犯和典型的終止犯」。我們或許能用很有限的機率來推斷年輕人的犯罪規律，但從他們的背景卻幾乎預測不出他們是怎麼停止犯罪的。

實務知識在這裡就很重要了。我們想要介入、改變的人並不是模範兒童，而正是那一群確實犯了法的孩子。可是，當我們聚焦在那些惹過麻煩的人時，卻無法鎖定確切的群體。

接下來就像大理石紋螯蝦案例一樣，我們只能問：如果風險因素、風險類型、或任何其他明確的因素，都不能解釋少年犯是不是更有可能持續犯罪或終止犯罪，那麼哪個可以呢？

這個謎題就更令人沮喪了，因為我們一開始彷彿可以一窺真相，找出真正連結到終止犯罪的轉折點，例如建立穩定關係、或找到可以充當社會控制形式的穩定工作。據他們說，工作讓人不得閒，婚姻就像某種約制，而當兵加上教育訓練就會改進生活。這一切幫得上忙嗎？事實證明，只幫得到一點點。

問題在於，我們不曉得誰會經歷這些轉折點，也不曉得他們經驗裡的哪個細節將使他們走上如今的路。是什麼境遇導致某個罪犯應募入伍、或融入一段穩定關係呢？我們無法強推這類的關係（光有婚姻並不夠，持久承諾的逐漸發展才是重點，而且當中有些人的婚姻失敗），也不能規定必須堅守一份穩定的工作。

另一個問題是，同樣的潛在轉折點可能會對不同人產生不同影響。對某些人來說，監獄具有矯正作用，對其他人來說，監獄是混亂生活中的一道旋轉門，只是短暫停留、來來去去的

地方。如果有人說，這一定是因為那些個案的監獄經驗不同，那就對了。因為我們可以想像，每個人的監獄經驗可能取決於一堆混在一塊的事情：從牢友或典獄長，到他們自己的來歷和心理、親屬態度（有去探視嗎？又說了些什麼？），摻雜目前的政府監獄政策，也許又加上從監獄教育方案所得到的收穫，以及他們本身對這所有事情和其他一切的各式反應。

所以，如果不是一組穩定的轉折點，那會是什麼呢？我們該如何思考那些讓人走上正軌的神祕變數呢？兩位作者偏好的用語是「處境選擇」（situated choice）。按照他們的描述，這似乎在本質上是一種不穩定且極為特定的轉折點，混合了無法預料的個人經驗和更大的社會脈絡。如果這個詞聽起來似乎欠缺了硬科學的精確度，我會說那樣做有好處，而且或許難以避免。

萊昂的例子可以讓我們理解「處境選擇」的意思。萊昂是研究對象之一，成長於波士頓的貧民區，他們家有十個孩子，好幾個早夭。萊昂的父母都有犯罪紀錄，包括襲擊罪。家裡很髒，孩子也沒人管。萊昂七歲開始逃學，十一歲初次被捕。

他說，他的轉折點是有次跟女人約會，對象後來嫁給他。「要是當時沒遇到我老婆，我很可能就沒命了。」他本來跟一個朋友在一起，要不是改赴那場約會，就會在當晚遭到謀殺而和朋友一起「離去」。

「處境選擇」就是這種背景、時機、環境和衝動的結合。講到這個，也許我們應該把其他的一切放進狄更斯所謂的長長鐵鏈或金鏈，再由它們帶領我們到今生的任何命運時點。

　　萊昂婚後幸福美滿，在甜甜圈店當了三十年店長，又在化工廠當了十二年實驗室技師。在受訪的時候，他不但擁有自住房，還趁退休帶老婆同遊歐美。

　　另一名男子亨利則說，加入海軍陸戰隊讓他走上正軌。奇怪的是，前兩年他就加入過海運服務局，結果卻因擅離職守而不體面的遭到解僱。起作用的因素倒不是當兵，而是第二回裡的處境選擇，他說要是再不好好幹，就得回去跟老夥伴走老路子了。

　　還有一個人很想辭掉工作回去犯罪，他向妻子抱怨自己賺不了幾個錢，他說：「我一天就只能賺這點錢。」。妻子回他：「你敢辭掉就給我滾！」

　　結果他沒辭也沒滾。「處境選擇」聽起來還滿切合這類時刻：一場約會、一個轉念決定、也許是一次訓斥，像是剛剛那句話「你敢辭掉就給我滾！」。

　　處境選擇是個好說法，它意味著人們的決定會受到影響，只可惜我們看不出是否有條理、有系統。處境選擇把種種影響放進某個屬於特定時刻、帶有特定歷史、處於特定場域和在地文化、或許基於特定心情或想法的情境，而這些情境有可能很獨特，也可能很一般。

　　這代表我們得再摻入人類主體（human agency）的角色，也就是人們自己的反應。總之，人類主體是一種神祕的煉金術，材料是經常轉瞬而逝的影響和衝動。因此，能觀察到的秩序並不多。

　　勞布和桑普森寫道：「我們需要認真看待人類一生犯罪行

為的顯著異質性。」這聽起來又是在呼籲大家更認真思考「雜訊」訊號所產生的效應：雜訊並不是討厭的殘渣，而是生命中的一種正面力量。人類就跟複製螯蝦一樣，也會依據細部經驗而應變，就算我們認為劇情主線應該要很清楚，不同程度的經驗還是經常使得人生變得無法標繪。

　　再一次強調，我們的基因有影響力、環境也有影響力。這兩大因素都會驅動生命，有時帶著必然，有時則完完全全是機率，乃至於就連指出例外都開始聽來像是在狡辯閃避。我們之後會看看一些關於強力決定因素的例子，就能明白在前方路徑有明確標記的情況下，我們還是知道一些事情的。本書雖然不主張所有的路徑都同樣開放給所有的人，但也不認為這些路徑只差一個衝動就能走上。

　　也就是說，無論人們多麼自誇，說自己找到門路，甚至告訴你，只要付個價、投個票、或再多給個研究補助，發現就屬於你，實情仍然是：還有其他遠遠少為人知的路徑。

　　可能的話，我希望可以證明：我們不知道的事情其實不亞於自以為知道的事情。我也希望，本書不至於讓人以為我否認系統性因果影響所扮演的角色，或誤以為我提議應該停止尋找因果影響。

　　人生就是一場跌跌撞撞的舞蹈，所有細微、相異、不可預見的轉折點，都伴著舞步一同出現。好比在地下室找到的資料，竟然成了引人投入的計畫案，甚至改變了我們看待犯罪的方式。勞布和桑普森在書中寫道，他們和其中一些人、還有他們的家人，仍會互寄耶誕卡片。[9]

人類的相同度有極限

泰森兄弟是起點相同卻人生分歧的例子，有人的反應是：
雖然極端的過去有可能出人意料，無法好好的指出未來（這代
表我們很難評估形塑個人的經驗，找出它們真正的本質和力
量），但這是因為兩兄弟在基因上有所不同。

「如果不是環境讓他們不同，那就一定是基因。」

不過，考量到「處境選擇」這堆紊亂的迥異影響，就會覺
得答案不可能這麼簡單。儘管如此，如果某個有序的源頭行不
通，那麼人類就會忍不住把各種設想推往另一個源頭。

所以，就讓我們做一個比兩兄弟更嚴苛的測試，這回是一
對同卵雙胞胎。我們把他們叫做比爾和班。

雙胞胎縮減了產生差異的空間，也縮減了找藉口的空間，
因此差異和藉口應該都會更少。他們成長在同一個家庭、上同
一所學校、住在同一處鄰里。如同大理石紋螯蝦，比爾和班盡
兩個獨立個體所可能的，享有相同的基因和相同的環境。

我們再讓比爾患有思覺失調症。現在，癥結點來了：如果
比爾患有思覺失調症，班有多大可能也患上呢？

這裡又有機會可以檢驗重大原因的影響力了。到底重大原
因跟神祕變異哪個比較強呢？原本的例子是螯蝦，對神祕變異
來說有優勢。但別忘了，我們現在談的是人，所以重大原因應
該更容易發現。舉例來說，如果是跟父母的作為有關，也許孩
子可以告訴我們。

思覺失調症的症狀包括幻覺（像是聽到敵意或辱罵的說話

聲）、被害妄想（像是覺得有人密謀對付自己）、思緒混亂、行為改變、感到畏縮或情緒平淡、失去幹勁和專注力。如果能在追求預防或治療的路上找到原因，那就太棒了。

有人可能覺得這背後一定是因為某個或某些基因，所以會在思覺失調症患者的基因組裡搜查看看有什麼奇怪的地方。或者，也許是某個基因對環境裡的汙染物、病毒或壓力事件有所反應。所以，有人會去檢視基因和某種環境影響的交互作用。否則，也許基因不是那麼重要，不良撫育才重要。

再來，考慮到這對雙胞胎的基因相同，而他們的環境也近乎相同，猜猜看如果比爾罹病，那麼班有多大可能也罹病？是100%、接近零、或介於兩者之間呢？我先講清楚，如果有人假設思覺失調症單純跟基因有關，而雙胞胎的基因又100%相同，那麼每次當雙胞胎之一罹病，就該預期兩個人都會罹病。

事實上，答案是大約50%。在那些一起長大的同卵雙胞胎裡，大約有一半是其中一人得了思覺失調症，另一個人也會得。[10]

百分之五十非同小可，比整個人口裡的罹患機率高上五十倍到一百倍。從同卵雙胞胎找到的規律比兩個陌生人多，甚至也比一般兄弟多。但是我知道一定有人會想問：為什麼我們已經像在大理石紋螯蝦那裡一樣，把導致任何事情的一切因素都交代過了，卻還是只能發現一半的效應？

如果雙胞胎的基因相同，所經歷的是相同的共有環境，生活和成長都在相同的鄰里，有著相同的住房、相同的父母、相同的食物、相同的學校、以及相同的其餘一切，那麼還有什麼

別的因素呢？

　　或許，在見過大理石紋螯蝦的案例之後，你就懷疑一定有別的東西影響。如果你這麼想，那就對了。人類也有一些別的因素。所以才會這個因素相同、那個因素相同，結果卻不如我們期望般相同。

　　跟之前一樣，問題在於隱藏那一半的奧祕。我們知道，基因（為主）和共有環境的某種混合，占了思覺失調症大約一半的因素。我們不知道是哪些基因，也不知道是哪些方面的共有環境。然而，我們所能找到的規律就只有這樣，只能以此做為起點——至少它給了我們一半的答案。但另一半呢？

　　簡短的回答還是一樣：沒有人知道。儘管我們有能力窺探人們的生活（在大理石紋螯蝦身上做不到），但目前並沒有證據顯示，我們渴望的重大因果規律真的存在。如果真的有，那我們早該注意到了。

　　我們很難想像大理石紋螯蝦身上有哪些隱藏要素，水族箱裡能看到的只有水，而且我們也不太清楚螯蝦的行為，因此幾乎不知道該觀察什麼。我們知道、也能想到人們身上有豐富的日常經驗，所以我們能藉此猜測，生活中哪些微觀的不規則可能會引發彼此的差異。於是，如果我們想讓結果更為清晰，現階段別無他法，只能一頭栽進經驗，然後去想像……

　　也許成長過程中某個關鍵時點的對話就是導火線，比爾碰上的令人煩惱，或者班遇到的使人安心。也許比爾社交生活的某個糟糕時刻讓他走向精神疾病。也許糟糕時刻只有一次，比爾在門口注意到的街友讓他很鬱悶（班在玩 WhatsApp 所以沒

看到），而比爾從此就用不同的眼光看待世界。也許比爾在班上廁所的時候，從電視上看到什麼東西？

也許是因為比爾和班不能同時跟同一個人約會。或者是某次比爾和班彼此對立的互動（打架、爭執、比賽？），這個時候兩人的經驗一定不同。或者是種種影響一起作用？或者是某種病毒在關鍵時點侵襲比爾而沒有侵襲班，加上比爾的基因易感性、加上那場糟糕對話、加上那個街友和那支手機嗎？會不會每個思覺失調症案例都是基於某種不同的因素，或是基於不同的因素組合？

更讓人傷腦筋的是，每個人生活中都有無數的小經驗，包括景象、聲音和感知，我們要怎麼確認哪些經驗是要緊的呢？何況，這些原因會依情勢產生不同的結果——別忘了，大多數時候，幾乎所有發生的事情可能都沒有任何影響。也就是說，我們怎麼知道在稍微不同的情境裡，某個至關重要的細節是否會變得毫無意義呢？那場改變比爾的對話可能對另一時候的班微不足道，它可能只在某時刻裡的某情況才有影響力，情境換了就變得一點都不重要。

無論肇因是什麼、無論它們最初看來多麼微不足道、無論類似經驗在別的情況多麼無關緊要，它們的影響力有可能再一次跟我們平常說的兩大根本原因（總和）抗衡。單單這項事實就能破解某些人類行為的簡化主張。

這些遺漏的解釋就像謎團，但影響的範圍很廣。無論是透過我們所想的基因或環境，許多研究都無法解釋人類和動物的各項特徵和疾病，為什麼會有這麼大的個體差異。

正如作家普曼（Philip Pullman）所說：「觸及人類生活的一切事物，周圍都圍繞著一圈昏暗的聯想、記憶、回響和對應，深深的延伸到未知領域。」11

隱藏的一半相當大，嚴重限制了知識轉移的可靠度，但就像大理石紋螯蝦研究人員所指出的，我們不太去談論這一半。也許是因為我們所面對的影響太過難以捉摸，以致我們不知道該說什麼，更不知道該怎麼應付；也許是因為我們搞不懂它們怎麼產生影響，所以連名字都沒給它們，只說它們會讓事情變得不同。

有些人用「非共有環境」（non-shared environment）來描述這些影響，意思是說，它們並不是家庭生活的一部分，也不是家中孩子所共有的，影響發生在「外頭」的某個地方。其他人則寧可不用，他們認為這個分類會掩蓋種種偶然的細節，像是單單一場對話（由表觀遺傳學所造成）、基因隨機出現的脫序行為，或是胎兒在子宮裡發育時受到一次發現不了的輕撞。12

那麼我們還能怎麼稱呼這些影響呢？又回到機遇嗎？還是運氣呢（也許又再聳了一次肩）？運氣和機遇都是模糊的抽象名詞，經常用來形容我們無法追蹤的原因，它們有時也帶有模糊的機率感。它們會把原因議題掃到地毯底下，好讓我們當作沒看見。

然而，那些無名的隱藏原因可能非常強大，就像所有已知的原因加起來一樣重要，可惜我們所能做的只有茫然揮手和繼續前進。對那些頭腦最敏銳的人來說，這裡的因果關係難以捉摸到令人發狂，所以他們當中許多人寧願忽視它。

每個孩子都不一樣

企圖弄懂因果關係的研究向來都喜歡同卵雙胞胎，所以我們才想像出比爾和班。理由跟複製螯蝦一樣，我們固定某些影響，好梳理出其他影響。雖然，包括我在內，很多人都認為雙胞胎研究很有用，但並非人人都這麼認為。研究一直受到種種局限而無法揪出所有形塑人類的力量：我們不能把大家放進簡化的水族箱來標準化周遭環境、我們不能要大家都有相同的經驗（這點連雙胞胎也辦不到）。

但是，有更接近的例子，就是連體雙胞胎。有了連體雙胞胎，我們能把上述理由弄得更極致，幾乎達到我們在人類經驗裡所見最極端的程度，進一步縮小人類差異的範圍。如果當中還有任何差異，也許我們就能明確指出差異的來源。

艾比蓋兒和布列塔妮·亨瑟爾（Abigail and Brittany Hensel）各有一個頭，雖然她們某些內臟有兩組，也有兩副脊椎和兩顆心臟等等，但從外觀看起來只有一個上半身。她們各自控制一手一腳。連體雙胞胎不但在基因上相同，而且在養育上也盡可能相同（至少我們這麼以為）。她們的人相連，所以她們的生活經驗一定也相連。

她們長什麼樣子呢？她們在美國有自己的實境秀，所以我有印象。首先，艾比蓋兒和布列塔妮看起來就像是一個人。她們會彈鋼琴，各自控制一隻手臂，一隻手彈奏左邊的琴鍵，另一隻負責右邊。她們一起駕駛汽車，各將一手放在方向盤上。用餐時，一人拿刀，另一人拿叉，然後你一口我一口輪流吃。

她們必須合作才能走路或游泳，但都是按正常速度學會。她們猶如一體，令人驚奇。

但是，她們也是迥異的兩個人。其中一個比較容易感冒，還得過肺炎。在幼兒時期，其中一人早餐愛喝柳橙汁，另一人只喝牛奶。她們有著不同的服裝品味、不同的睡眠需求。其中一人喜歡數學，另一人喜歡寫作。其中一人的脊椎過早停止生長，導致另一人的脊椎必須用手術調整。相異處就跟相似處一樣顯眼。一旦我們不再驚訝於她們的韌性和適應連體的能力，就會看到兩人各有獨特的存在和身分。

哈里絲（Judith Rich Harris）在《每個孩子都不一樣》（*No Two Alike*）這本書裡描述人類的差異，她以另一對連體雙胞胎開頭。她寫道，拉蕾和拉丹·比加尼（Laleh and Ladan Bijani）以連體的姿態出生在伊朗南部的小村莊。兩人死於分離手術，年僅二十九歲。已知至少有一組德國外科團隊拒絕進行這項手術。她們都知道手術風險，但寧願接受這些風險，而不要繼續過著連體的生活。

拉丹說：「我們是兩個完全獨立的個體，只是彼此相黏……我們的生活方式不一樣，對事情的看法也很不一樣。」一個想在德黑蘭當記者，另一個想在家鄉當律師。一個比較健談，另一個比較內斂。正如哈里絲所寫的：「她們為了個體性而死。」

雙胞胎的生活有明顯的規律，在性情、外貌等許多方面都可以極其相似。但當中也有不規律。在人生旅途某處，拉蕾和拉丹、艾比蓋兒和布列塔妮就都變得不同了。雖然我們盡量不

給差異留空間，但差異還是頑強存在。那麼我們現在更逼近答案了嗎？能說明差異從何而來了嗎？

哈里絲的理論淡化了某些熱門大原因的重要性，例如父母的作用。她這樣的看法雖然備受爭議，但卻呼應了更驚人的雙胞胎收養研究。這些研究會追蹤因故轉換家庭的孩子，而且特別關注雙胞胎分開的個案。[13] 研究顯示，轉換家庭往往不大會左右孩子變成怎樣，這就意味著教養通常不會是整體影響的主要部分。

事實上，在同一家出生的孩子，不見得會比來自相同社會背景的孩子更相似。有些父母早就知道這點，畢竟他們曾經納悶過：自家的孩子明明有親緣關係，怎麼會差那麼多？我們並不是想去否定父母所做的努力，但整體證據顯示，影響比我們為人父母所相信的更弱。對於認真盡責的父母來說，這件事有些驚人

不管怎樣，我們一直在討論的差異看起來很難用父母的行為去解釋，因為就算是在連體雙胞胎身上，我們都能看到這麼顯著的差異。再一次，我們只得問：如果父母都沒辦法造成明顯的重大穩定影響，那麼什麼因素有辦法呢？

哈里絲的回答是，隨著人類的成長，我們會巧妙的判斷出不同的情境該有什麼舉止，再依對象和情況來區分，然後照著調整：

> 我認為，孩子是分別去學習該以什麼舉止來面對每種環境和每個重要的人。人類天生的學習機制，並不是以「在

一個情境可行，換個情境也同樣可行」的方式運作。寶
寶學到媽媽聽見他哭就會抱他起來餵，但他並不能假設
他的哭聲會對爸爸、姊姊、或日托中心的孩子也有相同
作用。他要是這樣假設就太蠢了，他才不會這樣做。人
類心智非常善於做出精細的區分，並將事情存放在分開
的箱子裡。

　　她稱之為「情境特定學習」（context-specific learning），意
思是說那些形塑我們的影響並非在哪裡都是穩定的，它們的作
用會有變化，所以我們也會跟著變化。行為模式變得因時間、
地點和人而異。這裡不是那裡、這些人不是那些人，所以我們
會因場合不同、情況不同而有所差異。即使是連體雙胞胎，也
因為彼此不同，而會有不同的情境特定經驗。總之，「情境特
定學習」聽起來很類似「處境選擇」；在處境選擇裡，情境中
的三言兩語就能形塑一生。

　　簡化來說，她認為人們是因為情境特定學習才變得不同。
她所描述的行為可能感覺起來太有計畫、太過刻意，彷彿我們
是眼光銳利的策略家，為了個人認同在市場上找尋機會。我們
有些人也許真是如此，但其他人幾乎不會想那麼多。

　　不管哪樣，讓我驚訝的是，她的敘述就像勞布和桑普森對
處境選擇的敘述一樣，也是去放大種種細節、去放大我們偶然
碰上並當場立即反應的那類經驗。這些細節究竟如何發展成決
定性的特徵並不重要，重要的是以下的事實：在連體雙胞胎這
類個案中，當先天和後天等「大」原因都被固定，經驗裡的小

差異就是僅剩的可用原料。不是基因，也不是環境，還會有什麼別的嗎？只剩經驗裡的最小變異（除非我們又預設，無論是什麼控制了基因表現，那裡頭就是會有生物隨機性）。就像複製螯蝦那裡一樣，我們必須設想大差異始於小起點。

1987 年，在《國際流行病學期刊》（*International Journal of Epidemiology*）一篇開創性文章裡，美國心理學家普羅明（Robert Plomin）和丹尼爾斯（Denise Daniels）寫道：「環境中發生了什麼事讓同一家的孩子彼此這麼不同呢？前景黯淡。正如傳記經常證明的，發揮重要影響的環境因素可能是無系統、特異、偶發的事件，像是事故、疾病和其他創傷。」[14]

奇怪的是，他們竟然把結論形容為「黯淡」。理由並不是他們認為結論有錯，而是他們擔心結論可能是對的。特異或偶發的事件難以研究。你求不出人們生活中的系統性因果，因為當中的主要事件可能是公車上的某次相遇，這對於盡力追尋系統性原因的人來說，無疑是種打擊。

就算我們所談的環境確實是「非共有的」、「無系統的」或「特異的」，[15] 但我還是不確定「環境」一詞是否適合描述影響的來源。那可能讓人覺得環境的影響有可能改變，但其實它們甚至無法追蹤。

無論如何，如果我們外在神祕世界發生的事情會影響我們的內在，那麼按理來說，外部影響必定會在某種意義上變得具體。有可能是某個表觀遺傳開關導致現象發生。所以，生物學也被捲進來做為一種機制，至於機制是用什麼來觸發，則完全難以捉摸。

在我看來，這種捉摸不定又模糊不清綜合體同時在我們內、外運作，在我們知識演化的現階段，想要試圖掌握它是種妄想。普羅明和丹尼爾斯凝望著這種「雜訊」，心生畏懼。考量到這是他們畢生的研究，我完全可以理解他們的恐懼心理。這就是隱藏的一半，種種觀念和觀察到的規律會在此撞上一整面的局限之牆。

2018 年秋天，正當本書處於編輯的最後階段，普羅明總結自己一生的研究，出版了《藍圖：DNA 如何造就我們》（*Blueprint: How DNA Makes Us Who We Are*）。書名主張：基因是人們生活中主要的系統性影響，而養育所扮演的角色沒有一般以為的那麼大。最早有篇評論就問了：「所以，終究是先天而非後天嗎？」。

論點的爭議在意料之內，但有個要項幾乎沒有受到關注：當普羅明正在論證基因是最強大的系統性影響時，他同時也說基因在種種使人相異的影響裡仍然只占 50%。那麼，其餘的是什麼？「……我們近年來所瞭解到的，就是〔這些影響〕大多是隨機的（無系統性且不穩定），這意味著我們對它們無能為力。」[16]

換句話說，這些影響藏了起來、高深莫測。讓我們再次強調：有 50% 在任何框架裡都無跡可尋。就影響力而言，隱藏的一半幾乎等於其他一切。在當時，普羅明這一大部分的論點得到的關注非常少，到現在也還是沒什麼人留意。為什麼會有這種加以忽視的傾向呢？每個人討論的都是秩序，也就是基因學的系統性效應。那麼無序呢？

愈來愈相似，卻還是不同

我說過，連體雙胞胎幾乎是人類最極端相同的例子。「幾乎」表示還有其他的例子。請想一下所有最不可分割的情況，其實有個例子不但超乎兄弟，甚至超乎雙胞胎和連體雙胞胎，那就是人類的單一個體。

即使是單一個體，也還是有不一致。這點在你臉上就能看到。從中間往下畫一條線，兩半雖然大致對稱，但也沒那麼完美。大自然盡其所能應用她的法則，但效果仍是不規律的。問題來了，如果大自然辦不到，我們又可以嗎？

你可能會說，小小的不對稱無關緊要。那我們就來思考大一點的不對稱。假設有一位女性（仍是單一個體），她的一側乳房得了癌症，而癌症是由某樣東西造成。既然知道她暴露在這項原因之下，那麼她另一側乳房也罹癌的可能性有多少？

如果她有明顯的基因風險（特定的致癌基因突變，像是BRCA1 或 BRCA2 突變），那麼兩側乳房最終都罹癌的機率會高於其他女性。相關估計各不相同，但以 BRCA1 突變者來說，年輕時就初次診斷出乳癌的女性，在未來二十五年內大約會有 40% 至 60% 兩側乳房都罹癌，而五十歲後才初次診斷出乳癌的女性，兩側都罹癌的機率則約為前者的一半或更低。[17]基因學在這種情況下擁有較為一致的影響力。[18]

可是，大多數的乳癌都不是那樣。然而，無論原因為何，它應該更有可能同時影響兩側的乳房吧？我們對乳房實體的相似性有著幾乎完滿的認識。它們共享相同的空氣、相同的衣

服、相同的血液供應帶來相同的營養或毒素，而且擁有相同的基因。在我們所能想像的範圍裡，它們暴露在最接近完美一致的基因（G）、環境（E）和經驗（Ex）中，難道不應該也有接近完美一致的結果嗎？

扣掉帶有 BRCA1 和 BRCA2 基因變異的女性，另一側乳房罹癌的實際機率並不比某個沒得過乳癌的女性大多少。正如我所說，這些風險的估計各不相同，但有一項估計看起來很合理，摘錄於表 1。[19]

相較於一般人一生罹患乳癌的 12%，如果已經罹患一側乳癌，那麼另一側也罹癌的機率會更高，但沒有高得太多。就這方面來看，另一側乳房再罹癌的風險其實更接近沒得過乳癌的陌生人。

然而，一側乳房罹癌的女性可能合理的擔憂，另一側也逃不過。這種擔憂一般是假設病因會發生轉移。在近期的其他研究發現，有愈來愈多的女性為了避免病因轉移，選擇切除兩側乳房。[22] 可是，她們的擔憂可能過頭了。[23]

美國腫瘤學會的評論對這項研究做出評論，論文主要作者

表 1 對側乳癌風險

全體女性的終生罹患乳癌風險	一側乳房罹患過乳癌，另一側再罹癌的風險	
12%	所有年齡	17%[20]
	年過五十	13%[21]

上野（Lori Uyeno）回覆：「覺得會罹患對側乳癌而死的感知風險被大大高估了，事實證明，這會促進積極手術介入。」直覺上的合理假設認為，在極其相似的條件下，病因必定會轉移，但這個假設其實遠遠沒有大家想的那麼可靠。再一次，「相同」卻又不同。

就像之前一樣，我們不得不問：為什麼我們對規律的預期不能轉移？也不得不再次推論：這些預期會受到微妙的神祕差異擾亂，而這些差異難以察覺或預測。

因為特異性會在最小的地方出現，所以在人體內，這些差異一定是在細胞或亞細胞層級。有種理論是這樣子解釋的：就連單一細胞也容易受到某版本的多樣經驗影響，彷彿每個細胞都有屬於自己的傳記，上頭留有生命神祕變異留下的痕跡。

佩托（Richard Peto）是牛津大學醫學統計暨流行病學教授，他就曾把細胞寫得好像擁有這樣的傳記故事。他表示，很可能需要好幾項不同變化，才能把某個細胞改變到能增殖，並成為癌前驅細胞，接著他又設想這可以解釋為什麼他弟弟罹癌，而他沒有。

「他的其中一個變化打中某個細胞，而那個細胞在幾年前就遭受過另一個必要變化，於是往惡性發展；反觀在我身上，第二個變化打中的並不是那個先前改變過的細胞，而是它旁邊沒改變過的細胞，因此無關緊要。除了那個不幸事件之外，我跟他整個肺裡先前經過改變的細胞數量差不多，但我運氣好，他運氣不好。」[24]

「即使到了公元 3000 年，當細胞感受性、環境上和代謝

上特異性的所有細節都已經真相大白，但關於癌發過程的完整描述，還是得提到好運壞運，才能解釋為何我弟弟得癌症，而我沒有。」對於那些認為我們總有一天會充分理解這個過程的人來說，上面這消息非常不好。

如果病因不是作用在我們整個人，而是作用在某部分上，那麼人體裡任何簡單的因果關係都會變得複雜。面對這一堆數不勝數的人體構造細胞，我們的瞭解可能永遠都不夠，更不用說去查明為什麼癌症會侵襲我們之中某一人，而非另一人，或者甚至侵襲我們身上某一部分，而非另一部分，因為那可能取決於人體當中某個細胞神祕變異的生命。

佩托將癥結點稱為「運氣」。我一直避免那種說法。尤其是因為人們長期搞混了「運氣」和「原因」，使得在討論人與人之間的差異時，爭執不休。這種爭論有很大部分是不必要的，兩者在每個個案裡都扮演一定的角色，在第 6 章「大處不等於小處」會再多談一些。

就目前而言，我們只需要說，神祕變異（是這個細胞而不是那個細胞，是在這裡發生變化而不是在那裡）有辦法在每個尺度、每個時候、每個地方輕舞，越過每種力量、法則和規律來創造差異。乳房是這樣，睪丸、腎臟等其他人體有兩個的東西也是這樣，就算它們共享一切經歷，我們都看得到差異。

我們之所以努力把不規律從隱藏處給驅趕出來，推進到一個愈來愈小的焦點，就是要指出：有序的心智面臨著最狡猾的對手。

從兩兄弟到雙胞胎，到連體雙胞胎，然後再到單一個體，

甚至是同一人體組織裡的細胞。我們可以為你整理這世界，無限度創造相同性，但無論多少理性、多少已知法則、多少力量或發現，都沒辦法戰勝人類的不規律，那些不規律會一直讓我們的知識難以捉摸。我們已經盡人類所能去追求相同，但隱藏的那一半依舊隱藏著。

鼻子造成的不同

麥克不是羅德尼，比爾不是班，拉蕾不是拉丹，就連我的左邊一半也不是右邊一半。而且，不管還有什麼別的可以解釋這些差異，最小的無形因素就是會促使兩者分歧。

正如普羅明所說，傳記往往讀起來就像證言，可以證明機緣的影響力，小小的命運事故就能帶我們走上不同的路。那麼，過一會兒我們就要聽聽一則傳記故事，好把更多無形因素弄得更清晰，故事內容跟鼻子的機緣有關。

鼻子是非常特殊的東西。在社交生活的故事裡，它一般不是事情的肇因。鼻子的影響看不出規律，令人沮喪的是，沒有哪本教科書是在講鼻子，或是鼻子帶來的社交影響。鼻子不是某種傾向、某個平均值、某種趨勢或機率。我們在談論的甚至不是所有的鼻子，我們只談論其中一個。

在這則特別的故事裡，鼻子成了事件的轉折點。轉折點有劇情，但模式和機率等敘述沒有。我並不是說人們生活中的機率無關緊要。[25] 我只是要談談，哪些東西縮減了我們對生活如何運作的想像。人們會說故事，在敘事中指向細節，指向特定

的選擇、時刻和事件。在這些故事裡，我們會看到滑動門時刻
（sliding-doors moment）* 這類的原因：[26] 說不定是一場偶然談話、
一個意外事件、一次會面或巧合，也就是那種自行附著到你身
上而非我身上的閃耀經驗粒子，例如她說：「你敢辭掉就給我
滾！」的那一刻。[27]

　　所以，我們就來聽聽鼻子的故事吧。讓我注意到這個故事
的人是流行病學家戴維・史密斯（George Davey Smith）。[28]

　　達爾文年輕時游手好閒，但我們現在都知道，他後來變成
揚名科學界的巨擘，也是天擇演化這個極危險概念的鼻祖。他
是怎麼從閒人變成巨擘的呢？「事情很複雜。」大家都會這麼
猜，但達爾文自己卻說他鼻子的形狀扮演了重要角色：

> 「小獵犬號」之旅是我人生迄今最重要的事件，而且決
> 定了我的整個職涯，但它有賴於一個很小的境遇和一件
> 瑣事，前者是我舅舅載我五十公里到舒茲伯利，很少有
> 舅舅會這麼做，後者則是我鼻子的形狀。

　　「小獵犬號」的船長菲茨羅伊（Robert Fitzroy）為了這場
著名的航行，打算找個風度翩翩的旅伴，而他認為面相透露出
性格。達爾文後來才知道，他的鼻子差點過不了關。

　　這並不是達爾文指出的唯一細節。更驚險的是，希望他從
事神職的父親告訴他，除非有個明事理的人贊成，否則不准

---

* 　編注：看似無關緊要，卻影響事件後續發展的時機。

去。達爾文的舅舅威治伍德（Josiah Wedgwood）在發船前幾天趕到舒茲伯利去見老達爾文，剛好來得及說服這位父親讓兒子上船。威治伍德說：「從事自然史雖然確實不算專業，但卻非常適合神職人員。」這很像威靈頓公爵在十六年前就滑鐵盧戰役所說的，真是該死的太險了。[29] 兩件細節加上一個幸運的小夥子，造就了一大片歷史。

再來看看戴維‧史密斯說的另一則故事，當中有著另一個轉折點。這則故事不是已知的事實，而是思想實驗，因為我們永遠無法知道真相。但是我們可以確信：某項關鍵但隱藏的細節無數次的扭轉了人生。

從《太陽報》的照片上，可以看到溫妮（Winnie Langley）在慶祝一百歲生日時，用生日蛋糕的蠟燭點了根菸。當時的她已經抽了九十三年的菸。（算算看：從七歲開始抽，每天抽五根，大約抽了十七萬根菸。）溫妮老早就該沒命了，對吧？[30]

戴維‧史密斯想像了她的故事。他假想，幾十年前有個風大的冷天。當天溫妮在家，正在吞雲吐霧，對喉嚨上長出的癌細胞一無所知。

突然間有人敲門。她開門發現是郵差來送包裹，這時剛好有一股冷空氣灌進來。溫妮咳了起來，咳掉最初的癌細胞。她的人生進程就此改變。如果郵差早一分鐘到，溫妮很可能就看不到百歲蛋糕了。

也許是咳嗽救了她（假如你也吸菸，可別有這種指望）。[31]這個想法貌似有理，畢竟在某種意義上，確實有無形的東西救了她。隱藏在偶然裡的生命機制就這麼救了她，一次又一次。

溫妮在幾年前去世，只差一個月就滿一百零三歲。據說她最終視力衰退到看不清火柴頭，只好把菸戒了。

這就好像有顆鵝卵石在某個命運時刻掉進生命池塘，盪出了漣漪。人們不會說：「你看，我被種種的社會力量給形塑了，所以才會跟那支披頭四致敬樂隊的尼爾生了三個孩子。」他們會說，自己是在阿爾比恩披頭族書店（Albion Beatnik Bookstore）裡的西語辭典區吸引了對方的目光。他們聊的是「那一刻」。

這些故事出奇的令人滿意，而且無所不在。披頭四製作人馬丁（George Martin）[†] 在 2016 年初去世，當時樂評帕菲德斯（Pete Paphides）發了一連串推文：

> 披頭四之所以成為史上最偉大樂團，是因為他們受益於一連串的離奇機緣。如果這些機緣有哪個沒有發生，那麼使他們成功的先決條件就沒辦法完美的串起來。這些機緣多到列不完，包括各種事情。
>
> 從他們的父親全都沒在二戰服現役（因此能活著讓母親生下他們），到喬治和保羅在年少時搭同一路公車去上利物浦學院男子高中，從而成為朋友……還有以一位叛逆搖滾樂手來說並不尋常的是，約翰·藍儂欣然接受年紀較小、但同樣有才華的麥卡尼加入樂團……還有約翰

[†] 編注：披頭四樂團是活躍於 1960 年代至 1970 年代的英國搖滾樂團，成員有約翰·藍儂（John Lennon）、保羅·麥卡尼（Paul McCartney）、喬治·哈里森（George Harrison）、林哥·史達（Ringo Starr）。製作人馬丁常被譽為「披頭四第五人」。

和保羅都是早年喪母……還可以一直列下去。

但那最重要、不得了、標明他們前途的天大好運，則是喬治‧馬丁的到來。雖然他們被其他公司拒絕，但馬丁在帕洛風主管任上把他們簽了下來，他從善如流讓他們把他們自己的歌放在首張單曲的 A 面……他（正確的）看出彼特‧貝斯特沒有足夠魅力或才華當好鼓手……他的喜劇唱片背景給了他一座音效軍火庫和開放的心態，讓他能實現披頭四最異想天開的點子……他並沒有抱歉的告訴他們，把樂器倒著錄會太麻煩或太奇怪……或者在〈明天永遠不會知道〉（Tomorrow Never Knows）裡，他放任保羅對史托克豪森（Stockhausen）的熱愛，為此還幫忙錄製笑聲和扭曲樂器聲音的循環樂句……當他們帶著愈來愈奇異的點子去找他，他也沒有搖著頭說，「對不起，孩子們，這會有點難辦」，而且，天吶，他還為〈我是海象〉（I Am The Walrus）譜曲，並為〈艾蓮娜瑞比〉（Eleanor Rigby）編曲。還可以再列下去。

離奇的機緣可說是在世者的座右銘，少了它，我們都不會在這裡。鼻子、公車等等瑣事都能推動歷史，[32] 至少這些瑣事能精妙的與其他細節結合，像是好心的舅舅和突然的機會，而這些小事充斥在特定的文化和智識脈絡中。[33] 所謂的小就包括生活中的某個時刻、不為人知的點滴細節，但這些細節有一天卻掀起波瀾，就像特定的公車，加上特定的製作人，全都指引四個小夥子一步步成為「史上最偉大樂團」。[34]

用系統性研究則看不出這類影響。只有故事才能隱隱顯示這類影響的多樣性，儘管如此，我們往往還是不知道某個故事是不是真的產生影響的因素，也說不定我們只是太過沉溺於把事情合理化，反倒在事後整理了過多的經驗。這不是結論，我們只是從故事中推測：到處都有豐富的特異影響存在。

有人還是不相信，反對意見愈來愈多。這些抱怨也沒錯，如果我們只聚焦在生活中一個個的特異點，就會忽略在美國某些群體裡，系統性力量其實很普遍，例如入獄。根據社會學家衛斯特（Bruce West）在 2009 年的估計，自高中輟學、三十五歲以下的黑人有超過三分之二都被關過。[35] 這項驚人比例近年來已經下降，但到目前為止，人們仍然有理由說模式和機率至關重要（我們之後還會回到這個例子）。

冒著引發「大」、「小」效應之爭的風險，我承認這些例子有影響力，但我也要重申：我們搞錯了局勢，導致大家過分相信自己的知識和掌控能力。世上有一半是我們知道的，還有一半是我們不知道的。很多人都聚焦在我們所知道的那一半，那一半屬於系統性效應、法則和機率，倒是沒什麼好吵的，我也和他們一樣著迷。但是，真相說到底畢竟有兩半。

你沒猜錯，本書有局限，只會由整個群體上方的俯瞰視角出發，談談以趨勢和機率為主的總體觀，但本書同時也會不斷削除各種亟需修正、充滿虛榮和自負的主張。我們需要坦承，人類的智識建造了太多稻草房屋。

有人直覺認為：不必在意趨勢或機率，只關注故事就好。這樣的直覺並沒有錯，只是有時會讓我們忽視那些形塑我們、

較大的結構性力量。兩半是共存的，只是難搞的那一半對我們的理解設了限。

經驗是第三種力量嗎？

到目前為止，為了生動描繪無序和差異從哪裡來，我們提供的例子有鼻子、咳嗽、公車、工作，還有談話。雖然可能違反整場演練的精神，但我們可以用「經驗」來統稱這堆雜七雜八的東西。也許，經驗的確夠格取代「雜訊」，做為神祕第三種力量的正面名稱。於是我們就得到基因（G）、環境（E）和經驗（Ex）。

這個說法有時行得通。德國的研究人員打算探索哪些因素會使看似相同的生物有所不同，就用了小鼠進行研究。他們準備了四十隻近親交配、基因相同的小鼠，再把小鼠放在同一個「高度豐富化的」環境。籠子裡有不同樓層、玩具、通管、水嘴等等，但小鼠全都共享一切，而且全都從同一個地方出發。研究人員把感應器放在小鼠身上來加以追蹤。他們在 2013 年和 2015 年發表了兩篇論文，說明研究結果。36

一開始，有些小鼠就是比別的小鼠多了一絲絲好奇心。我們不太知道牠們最初這樣做的原因，畢竟那是無形的因素。但是，牠們就是比別的小鼠多嗅一些、多探一些。從這項小小起點開始，差異愈變愈大，因為一項小小經驗又導向了另一項。牠們從最初的好奇心變成更愛探險。那些更愛探險的小鼠，腦部起了明顯變化，有更多的海馬迴神經新生。社交能力就此出

現了差異，那些差異與時俱增，然後變得穩定。

這就好像在旅途中，把某個微小的細節當作撬棍，將未來撬開一道裂縫，露出一條條不同路徑。從《科學人》（Scientific American）的實驗報導看來，個體的形成不只跟基因或環境有關，也跟「你如何體驗它們」有關。

上述研究者的第一篇論文發表在《科學》（Science）期刊，內文提到：「我們的結果顯示，在發育過程中出現的種種因素，會促成大腦結構可塑性和行為的個體差異。」根據報導，任職德勒斯登工業大學（Dresden University of Technology）、德國神經退化性疾病中心的行為基因學家肯佩曼（Gerd Kempermann），以及團隊裡的一位成員，共同表示他們已經標定人類個體性的神經基礎。肯佩曼在受訪時說：「令人寬慰的是，決定我們個體性的因素，不是只有我們的基因，也不是只有外部環境，而是還有我們的經驗。」

這聽起來很有道理，但仍然沒有辦法完整描述不同的經驗如何轉化成不同的行為。不管怎麼，這些豐富的經驗就足以戳破萬物有序的幻夢。正如作家詹姆斯所說：「任何對記憶有價值、或對精神有可觀影響的粒子都不會太微小……經驗……全由它們壓合而成，而且閃耀著它們的光芒。」[37]

有些讀者可能會覺得這有點像混沌理論，初始條件的微小差異一路下去就會產生混亂。例如新墨西哥州一隻蝴蝶拍動翅膀，會造成中國發生一場颶風。這是混沌理論最有名的例子，它很可能沒發生過，但可能發生過類似的事情。在人類的生活裡，同樣瑣碎的事情也可能在後來掀起一場風暴，這樣的可能

性似乎就呼應了混沌原則。

你可以在網路上找到許多迷人的混沌運作範例，如果有人不熟悉或懷疑微小差異很有影響力的說法，推薦去看看。其中我最喜歡的是模擬三個簡單而相同的雙鐘擺，它很精采的譬喻出起點相同，但路徑分歧的情形。[38] 三者被同時放開，而且出發點幾乎完全相同（或許差了半度）。起初三者都循著同一條頗為平順的弧線。但是過沒多久，三者在運動上的小差異就悄悄出現，接著再經過幾秒，這一整套就失控了，三支擺臂胡亂甩動，毫無對應可言。

然而，物理系統裡的混沌經常有個特點，就是底下的秩序會浮現。所以，到此為止，這個譬喻不再對我們有用了，畢竟在人事裡我們得考慮到：「初始」條件會不斷的重設。無論站在任何時點、處於任何處境選擇、發自任何經驗微粒，我們都好像一再啟動了混沌般的反應，並開啟各種可能。當條件從未定下來，也就不必談怎麼去解答了。

然而，有趣的是，想到那些最小、也許覺察不到的起點會通往何處，肯佩曼竟然不像普羅明和丹尼爾斯那樣感到學術前景黯淡，他反倒覺得寬慰。顯然，面對生命中的種種不確定，我們的回應方式並非只有一種——這個想法我們還會再談。

第　章

我並不恆定

信念和選擇的意外原因

關德琳……〔令人害怕的是〕她繽紛的性格，有著各種不同、甚至矛盾傾向的變幻。馬克白說相反的事物不可能在同一瞬間存在，他所指的是有著僵硬必然性的行為，而不是有著種種巧妙可能性的想法。我們不能在同一瞬間既口出忠言又奸詐囁聲，也不能既下殺手又不下殺手；但要在一瞬間心胸寬廣到能容納忠誠和奸詐的念想，也能容納離奇而兇殘的想法和急劇的後悔，還是辦得到。

—— 艾略特（George Eliot），《丹尼爾的半生緣》
（*Daniel Deronda*），1876 年

也許，真的是由舵柄所受的神祕觸碰來決定人生的航程。也許，關於人類是怎麼來到這世上，有個隱藏的一半是我們永遠無從得知的。

但是，當我們邁入成年，不管中間走了哪條路，事情都逐漸塵埃落定：我們的看法已經形成，態度大致成形，行為和選擇也體現了內在的真我。至少某派精神分析、神經學和心理學是這麼說的，它的傳統認為，我們的信念、選擇和行為都根深柢固、亙古不變。

不過，另外還有一種激進的新看法：當我們做出決定時，往往跟深層、潛藏在而底定的信念沒什麼關聯，反而跟過眼的瑣事關聯較大。也就是說，那個充滿神祕變異、隱藏的那一半，並不會隨著身體停止成長而停止影響我們。它會永遠繼續，不時打亂事物，就算對象是我們自以為瞭解的自己，或是我們所相信的道理。

我們的第一反應可能是：這太荒謬了。人們的思考方式、選擇偏好和行為舉止，明明就體現出人們重視的東西。意見往往反映了深植的價值觀。畢竟，位在深處的心智駐有我們的本質，不但頗為穩定，而且它就像一本帳本似的，寫著我們經過多年經驗和記憶形成的樣子。

但是，華威商學院行為科學教授查特（Nick Chater）有個充滿爭議的想法。他說，很難知道人類到底在想些什麼。他認為心智不是深的，而是平的。[1]

心智有形狀代表什麼意思呢？意思就是，往下挖進心智去找恆常真我的這種譬喻往往是錯的。忘掉往下、忘掉深入吧。

查特認為，真我比我們所想的還更存在於表面。這意味著，真我在許多情況裡都不符合任何經久不衰的定義，也就是說：根本沒有本質。

查特說：「並沒有關於價值和功用的穩定意念……我們的潛在偏好和欲望都是虛幻的，每當遇到新的時機和處境就會不斷重新再造。」

他指出，一個多世紀以來，心理學家和精神學家都在努力探索心智表面下所隱藏的東西。「心智是平的」則主張，整個學術圈都搞錯方向，因為大部分的活動都是在表面，而表面很容易受到外界飄忽不定的影響。這些影響可能極細微、極短暫，甚至就像陰影一樣，只從平面的心智掠過，但還是會左右我們的決定和選擇。

查特說，我們之所以沒這麼想，是因為我們時常編造更深層的基礎理論來解釋自我（向自己、也向別人解釋）。但這種更深層的基礎理論並不是在事前就建構好，而是在事後。「我們以為自己正在向內探索豐富的心智世界，其實只是在編造故事。」

正如查特所說，選擇和信念可以不斷的重塑來因應每個時刻。當我們立定心意時，我們剛好就是那樣做：立定心意、編造和湊合。這意味著，在稍微不同的時間和地點裡、在稍微不同的陰影下，我們有可能立定不同的心意。

就一般人的觀念來說，整個論點聽起來太過嚇人，難以相信。我本來也想發誓，我會比這個論點所描述的更為一致，但有個故事推翻了我的穩定信念，還展示了平面心智的運作。

水平翻轉

我在英國 BBC 電台主持《人類動物園》（*The Human Zoo*）好幾年了，這個節目跟行為科學有關，查特是常駐專家。節目裡有個固定橋段會演示一些著名實驗，有時拿我當白老鼠，有時則用聽眾或其他民眾。

在所有我們演示過的實驗裡，有一個特別突出。無論當時或現在，都讓我相當震驚。故事正好發生在某場選舉前，當時我們找了幾組人，問他們一連串關於政治信念和選擇的問題。

一般相信，關於不平等、自由、醫療、國防、社會保障或福利、移民、海外援助、歐洲等問題，幾乎只要有人提問，我們的內心某處必定能說出合理、確定的答案。看起來似乎是如此。或許我們還沒把它詳細弄明白，但我們知道自身信念的大致輪廓。

我們要求志願者用 1 到 10 來評定他們的政治優先事項。舉例來說，一端是國家應該多花點錢在公家醫療，另一端是少花點錢並減稅（1 代表絕對要多花點錢，而 10 代表絕對要減稅），如果要在這兩端之間做評定，答案是多少呢？

我們前進到其他問題，然後休息來點咖啡，假裝要去核對答案。過了一會兒，我們回去跟志願者討論他們所寫的東西和背後的理由。

但是，我們搞了鬼。我們沒有更改他們原來的答案卷，全都還是他們親手填寫、上方還有他們的名字，以便讓他們相信沒有什麼可疑事情正在進行。但是，只要碰到答案是落在 3 到

7 之間（所以不是絕對的 1 或絕對、堅決的 10）我們就把題目翻轉。贊同「少花點錢在衛生保健並減稅」的 7，就變成贊同「多花點錢在衛生保健」的 7，跟原本的相反。

離奇的是，當我們要求他們為自己的答案辯護，他們往往能夠照辦。題目明明已經翻轉了。他們忘了自己沒多久前撲向某一邊，而現在卻撲向另一邊。他們公然自打嘴巴，只是根本不自覺。

這張部分手寫的答案卷放在他們面前，為他們的信念提供了證明（至少他們這麼以為），而他們現在正要為這份（被竄改過的）意見辯護。我坐下來訪談一位男士，他原先是說減稅要比多花點錢在公家醫療更重要，現在卻向我解釋為何反過來才是對的。他解釋得很認真、理智、清楚，沒有半點猶豫。他並不困惑。他認定這個新立場可以合理概括他的信念，毫不遲疑就加以論證。但他沒有意識到題目已經變動，而去論證一個他沒表達過的偏好。

約翰森（Petter Johansson）把這種怪現象稱作「選擇盲視」（choice blindness），他來自瑞典隆德大學，是最早進行這類實驗的研究者。約翰森的經典實驗是要誘導人們改變心意，讓他們在不自覺下轉念，覺得別張臉更有魅力。[2]

一位男性參與者熱情的說：「她明豔動人，我會在酒吧搭訕她，而不是另一個。我喜歡耳環啊！」聽起來很有說服力（總之他說服了自己），只不過他原本比較喜歡另一位。

在我們請志願者為答案辯護之後，84% 的參與者說，要是碰上竄改答案的實驗，他們才不會上當，實情卻是整組裡有

75% 的人都上了當。此外，他們應要求去論證的政治選擇，往往成為更為確定的偏好，彷彿為政治選擇發聲就是決定性的舉動。這讓人想起一個老笑話：「我又還沒聽到我要說什麼，我怎麼知道我是怎麼想的？」

雜亂衣物中的信念

儘管我們確信自身的信念和偏好都在內心深處，但實驗顯示它們常常（顯然並不總是）能被輕易操縱。最驚人的是，我們的志願者並不是看向內心深處來驅向某個選擇或信念，而是回應當前的境遇線索，再加上想要追求一致的錯誤渴望。[3]

他們挖向深處，以尋求自我辯解，設法為一個他們起初沒做、但被我們誘發的選擇辯護。他們確實很努力的想，但不是為了找出他們相信的事物。你覺得自己的信念和選擇都寫在內心深處，我也這麼認為。可是，據查特所說，人類以為自己是在查閱一本記著穩固信念或態度的帳本，但這種感覺其實是事後合理化，只是我們在立定心意之後才告訴自己的故事──既不是在立定心意之前，也不是在過程中。

有人可能會說，這麼誇張的不一致只會發生在無政治意識的人身上，信念更堅定和知識更深厚的人才不會這樣。那麼我們又要怎麼理解帕里斯（Matthew Parris）的例子呢？他曾經是國會議員，現在是《泰晤士報》的專欄作家。2018 年 4 月，他在某週的專欄談到，讓國會有權表決和否決軍事行動有多荒謬，但隔週以國會強化研究委員會成員發言時，卻發現自己先

前的主張完全相反。當然，這並不代表他兩次都沒有好好思考問題。他大方坦承自己的不一致，也承認他起初設法解釋這狀況的直覺反應。[4]

我們怎麼能在不同的場合說出這麼不同的論點，卻又還是相信這些論點呢？也許我們只是依稀記得許多相互矛盾的論點和信念，也許這些論點和信念只是在內心表面飛來掠去。

對大多數人來說，我們在腦中並不是用單一、協調的整體圖像，來描繪世界應該長什麼樣、現在長什麼樣（那些說自己是的人需要擔心一下）。我們腦中可能擁有許多圖像，其中有些可能並不互容，但我們放著它們不管。例如在整個成年生活裡，我們一再聽到國家醫療和稅收的爭論，似乎沒完沒了，而我們可能永遠無法加以化解。

基於一些理由，我們很難用這些碎片形成一幅協調的整體圖像，查特在他書裡花了點時間說明：我們的感知系統（視覺和其他感官）並不會從這個世界攝入完整的圖像，只會迅速的掠過，撿拾一連串細節。他說這串細節底下什麼都沒有，並認為所謂思維就是一連串的零碎印象。

可以合理推論，我們的大腦沒辦法將穩定的世界形成穩定的印象。而這樣的推論又把問題丟回認知的範疇。但我認為有可能是另一種說法：在腦中擁有完整圖像只是我們的理想，而這種不可能的願望損害了我們的能力。簡單來說，這世界就是太複雜、太大、太亂了，沒辦法一舉框住。實際上，我們透過往往相互矛盾的碎片來觀察世界，而從這點也可以知道，感知任務有多麼艱巨。

雖然我們握有那些過眼碎片，但我們在回答問題時，卻會望向內在去找信念。我們聽過、想過許多信念，覺得它們還算可信才收存起來，卻又記不太清楚。我們要的是哪一個呢？

查特打了一個比方，他說這一刻就像是從我們隨身攜帶的一大團雜亂的智識衣物中拉出某個信念。今天到手的是藍襪，明天拿到的也許是紅襪。一切可能都取決於光照下來時，我們注意到的是哪個。是什麼東西把光打在藍襪上，讓人最先注意到呢？通常是一道無形的境遇光束，它會掃過平面心智，就像陽光和陰影一樣。

即使我們確信自己偏好啤酒甚於烈酒、偏好某黨甚於他黨、偏好減稅甚於多花錢在公家醫療，而且需要來場大地震才會改變心意（代表肯定不是表面層次的瑣事），但這類「深層」的偏好顯然不是心智運作的可靠描述。查特的平面心智研究很罕見，這個想法大膽卻可信，不但具有迷人意涵，也為我們的理解帶來另一次震撼。

參與實驗的志願者既聰明又有主見，警覺到我們有可能試圖操弄他們。然而，他們有些信念還是能被反轉。同樣的，我們許多人會臨場把信念補足，這也許是因為最近交談對象的影響，也許是因為各種偶然，像是有人跟你說，你上次說了什麼（即使不是事實）。

也因為如此，我們才成了我們自己。近期經驗或境遇的種種微小變化占了很大一部分，或者更確切的說，這些微小變化會影響構成我們自己的百萬個微小部分，而這些微小部分往往變異於無形。

環境引出行為

查特的想法符合心理學中一項最為耐久的發現：我們並不像自以為的那麼愛反思，我們的行為也不像自以為的那樣經過深謀遠慮。

這項發現挺過了當時因研究可信度問題而起的懷疑浪潮，心理學家馬托（Theresa Marteau）更對此發表感言：「這是心理學取得的一大成就，證明我們大部分行為都是由環境所引出來的，跟我們的意識關係不大，這種效應要比我們人類所願意相信的大得多。」

少了這個船錨，可想而知我們會被風浪動搖、會不一致，畢竟那些作用在我們身上的影響並不一致，而我們對那些影響的關注必然也是零零碎碎。難的是怎麼說服我們承認這一點。

2017 年，財政研究所（Institute for Fiscal Studies, IFS）研究員米勒（Helen Miller）做了一項小型實驗，用模擬民調來測試資訊對人們的看法有多少影響力。她和同事問了一個簡單的問題：廣泛來說，你覺得英國稅制公平嗎？[5]

她說，在許多方面上，這個問題太過廣泛，讓人難以得知結果能拿來做什麼。只不過，那些結果有助於揭示，面對不一致的資訊框架，我們的回應會有多麼反覆不定。

在作答之前，參與者被隨機分入三組：

第一組只得到上述的問題。

第二組（「富人繳很多稅」組）還收到了以下兩項真實統計數據：

- 所得稅免稅額在近年來有所提高。現在 10 個成人中就有 4 人免繳所得稅。
- 所得稅制頭重腳輕。前 10% 的所得稅納稅人繳了全部所得稅的 60%。

正如他們所說，這就是「富人繳很多稅」組。這兩項統計數據肯定助長那樣的印象。或許你也有同感。

第三組（「富人沒繳很多稅」組）則收到以下兩項真實統計數據：

- 前 10% 富有的所得稅納稅人所賺的收入多於整個後 50% 的人。
- 4 萬 5000 英鎊收入者多賺 1 英鎊要繳的所得稅等同於 14 萬 5000 英鎊收入者。

就我們所知，這些統計數據都是正確的。

米勒說：「這次民調的結果很分明。沒給任何資訊的話，有 51% 的應答者認為富人繳太少造成稅制不公」。一旦給了資訊，結果就大幅變動。在「富人繳很多稅」組裡，認為富人繳太少造成稅制不公的比例跌到 33%。在「富人沒繳很多稅」組裡，這個比例則升到 72%。

「我們會如何看待公平，取決於我們手邊的資訊。」米勒的說法呼應了查特的看法。

這個一致性的實驗發現，人們對稅收選擇性資訊的看法並

不一致。對於這些可憐的研究受試者，我傾向投以同情的眼光，他們的看法變來變去並不奇怪，除非我們假設信念和選擇應該是穩定的，以及我們已經知道所需要知道的一切（儘管會被種種對立的事實片段所困擾）。

不過我得重述一下，那會要求我們要麼把所有相關資料都記在腦裡，然後能在回答問題時想起來仔細的權衡，要麼就是在原則層次上一次定案，好應付任何扔向我們的新資訊。

如果我們有錯，並不是錯在未能維持一致性，而是錯在我們自以為應該總能辦得到。

每次我們交代信念和選擇的時候，有多常會說這是出自某件零碎雜事的未知輕推呢？「我之所以會相信這個，很可能是因為我在酒吧聽到的最後一件事，它讓我從心智衣物團中抽出相當於一隻紅襪的東西……」我想這種說法大家聽了都不敢恭維。這一半的解釋就像在其他地方那樣，也隱藏在我們的自我理解之外。

財政研究所的提問是模擬民調的一部分，受試者就是那些選擇進行線上調查的人，樣本很小而不具代表性。米勒寫道：「但是，這些結果確實有助於展示這樣的事實，亦即少量的資訊就可以徹底形塑人們的表述看法。」

性格具有一致性，但並非總是都有

無論是在經濟學或是其他領域，人類一致性問題都是個被爭議撕裂的廣大課題。其中最激烈的爭論是在探討：一致性和

理性之間的關係；為了要有理性，我們也需要有某程度的一致性嗎？

我可沒打算解決這場爭論來讓誰滿意。不過我會說：我們可能高估了一致性。舉例來說，正如經濟學家凱伊所指出的，你可以一直相信花園底下有精靈。[6] 如此，一致性本身就可以是精神錯亂的一項判準。凱伊引用了愛默生（Ralph Waldo Emerson）的話，深表贊同：「愚蠢的一致性乃是庸俗之人的心魔，受到庸俗政治家、哲學家和神學家的尊崇。」[7]

這裡的重點是，一致性非但遠遠不是理性的必要判準，甚至可能並不合宜。我還滿喜歡前微軟首席研究員瓦茨（Duncan Watts）的觀察，這位社會學家發現我們用來指引自己的箴言經常相互矛盾：物以類聚、異性相吸；不相見倍思念、眼不見心不煩；三思而後行、猶豫就敗北。

當然，我們會在不同的情況下援引不同的箴言。所以有些人會說：「啊，但那就顯示人們極具一致性，他們只是調適了一組很穩定的偏好，以因應各種情況。要是我們知道所有的細節，就會看到他們的行為有多麼一致。」但是，這會讓一致性一詞喪失意義，因為我們永遠無法驗證。

想著手證明某人在信念或行為上應該有一致性，就意味著要編製一份長長的情境考量列表，長到包含所有神祕的人生境遇。[8] 所以，跟我們有時候表現出來的行為相比，我們私底下可能更為一致，但是，既然我們永遠都不會得知事實，那麼我們或許可以稍微放下一致性這個有著神話般標準的目標。

我在這裡的論點就像在其他地方一樣：把問題移出腦袋可

能比較好，畢竟外面的整個世界不會有過錯或無理性。我的做法就是說，這世界既敏感又錯綜複雜，在普通的經驗歷程中不可能定出某種既一致又可預測的模式。如果考慮到生活的各種複雜情況，那麼給自己設定一個大抵上約略一致的較低標準，聽起來會是更合理的目標。

瓦茨認為，所謂的「常識」，往往是一整堆零零碎碎、在邏輯上不一致、甚至相互矛盾的信念，一個個在當下似乎都是對的，但並不保證在別的時候也是對的。常識聽起來像是最直觀的法則，但按照他的描述，那其實是條拋在一團亂上的安心毯。即使我們不一致卻想要一致，它也不會出手阻止。[9]

然而，總有人覺得人類的決策和判斷太過混亂，顯然需要收拾整理，只是這種態度不見得正確。如果必須做出選擇，一邊是從本來無序的情況變出更多的秩序，另一邊是用一些臨時的決定來應付，哪邊有優勢呢？這很可能全都要看……情況。不過，至少讓我們試著誠實一點，別把「臨時」裝飾成「深思熟慮、始終如一」。我們經常都在臨機應變，不妨坦白承認。

風險雙標客

談到為不一致找理由，我最喜歡的例子就是「反汙水衝浪客」（Surfers Against Sewage, SAS），我以前在探討風險承擔的時候曾寫到這個團體。一般來說，我們應該要把風險輪廓（risk profile）或風險偏好（risk appetite）對應到每個人。或者是說，可以把風險表示成簡單的機率（例如致死率），以便我們依照

活動的危險性排序。這兩種方法都假定我們的冒險行為應該有某種可衡量的一致性。

「反汙水衝浪客」並不合乎這個模型。他們很樂意賭賭運氣去面對溺水、水母、海浪和潮汐、衝浪板和綁繩，以及真能讓人骨折的堅硬岩質海底。他們很享受這整場對抗自然的戰鬥，但他們卻真的、真的不想冒險在汙水裡游泳。我不怪他們。他們的態度在我看來完全合情合理。

但他們的偏好到底是高風險、還是低風險呢？機率根本不是重點，整個活動的哪個部分比較危險（衝浪或汙水）幾乎無關緊要。你可以說，「反汙水衝浪客」的反感跟風險無關，他們更在意也許是噁心不噁心。我不是說那有什麼不對。可是，讀讀他們的文宣，他們說他們擔心的就是風險。他們提供一個叫做「更安全海洋服務」（Safer Seas Service）的警示系統：「這是全國唯一的即時水質應用程式，能保護所有用水者免於汙染之害。」他們說：「這項資訊能保你安全。」

一種合理推論就是，他們對風險的態度有著微妙的情境差異，所以受控於其他因素也是十分合理。這些因素包括他們能不能選擇暴露在某風險之下、是不是能從風險中獲得回報、能不能掌控自身暴露在風險的程度、喜不喜歡風險產生的原因，以及風險看起來自不自然、正不正當，諸如此類。正如風險感知心理學所說，考量會隨著我們面臨的各種風險而異。

既然這麼複雜，我想應該沒有哪種一致的行為準則能適用這個案例，當然也沒有哪種概括「相關風險」的簡化數字可以告訴他們該怎麼做。也不應該有就是了。幾乎唯一相關的事

實就是，人們對各色風險和價值抱持著特定觀感，會在這個情境、這個場合喜歡某些東西而不喜歡其他東西。很沒一致性嗎？按照某些標準，或許是吧。合理嗎？那還用說。

根據心理學文獻，我們和別人一般會有共識。無論他們是喜歡冒險、經常愉快、憂鬱苦悶，或是其他的性格特質，他們知道自己的性格如何，我們也知道他們的性格如何。在那些談特質的書裡，似乎有證據顯示，雖然這類特質表現出來的強度會隨歲月變化，但排序通常都會維持。我們看自己如此，別人看我們也是如此。我們覺得自己和別人都頗為一致。

可是，根據心理學文獻，我們在不同情境中的樣子似乎遠遠沒那麼有規律，而各項特質的排序一致性也往往低得多。心理學家強森（Wendy Johnson）就在她的著作《開展差異》（*Developing Difference*）說：「某個學生可能是週五夜派對的靈魂人物，但在週間課堂上卻可能不愛發言……或者某人可能很樂意試試其他文化的新食物，卻不願意實際前往展現那些文化的國家。」[10] 另一個人可能正好相反。

「也就是說，在特定環境下評量某項特質，它的表現程度往往會受到環境很大的影響。」這種見解呼應了哈里絲對情境特定行為怎麼發展的想法。

標示為「有自信」的人在表演給觀眾看的時候，很可能自信十足（或至少看似如此），卻可能在較為私密的聚會顯得畏畏縮縮，而在商務會議時落在兩端之間。至於在私密聚會有自信的人，也可能只在某些朋友面前有自信，在別的朋友面前則是另一個樣子。

　　而且，一旦我們認識這些人，那麼他們在各場合的行為可能（多半）可以預測，但我們最終並不會單單把他們形容為有自信或沒自信，而是形容為在這裡有自信、但在那裡沒自信，或者這次有自信、那次沒自信。也許就看他們最近是跟誰講話吧。總之，令人驚訝的並不是人們的行為有時看似既不一致又很奇怪，而是常常看似平穩。

　　「你是什麼樣的人？」答案是「看情況。」而且，強森接著說：「人們……會以學習聯想（結合特定的情境面相和先前的經驗）的形式，把心理的內容帶進他們對情境的評估……就連具有相同特質程度的個體，也可預期會以不同的方式去評估相同的情境。」我們的行為、信念和選擇顯然不是隨機漫步，但或許也沒有我們想的那麼規律。

在這裡很棒

　　我們再把相關原理推廣出去，來測試另一項個人特質的一致性。以外科醫師做為例子，醫師的技術似乎很容易讓我們提出規律性確實存在的假設。我們可能會說，如果某位醫師很棒，他就是很棒。但在這個例子裡，個人的屬性要有多穩定才算「很棒」呢？

　　1990 年代中期，哈佛大學研究人員追蹤賓州許多醫院的外科醫師，其中有一位是跨院做冠狀動脈繞道手術（CABG，從腿部取血管移植到心臟來繞過阻塞）的老手。醫師 D（這是他在該研究的匿名代稱）有大約三分之二的工作是在某家醫院做

的，還有三分之一是在另一家醫院做的。特約工作的性質就是如此，外科醫師往往到處跑。他在兩家醫院的成果相比起來怎麼樣呢？

在醫院 1，他的病患死亡率為 0.7%。在這裡，他很棒，而且一直都很棒。在醫院 2，即使把數據依照個案的嚴重程度做過調整，他的病患死亡率還是有五倍之高。在那裡，他就遠遠沒有那麼棒。

這種差異是跟醫院有關，還是跟醫師有關呢？何者才是主要影響呢？研究人員納入賓州兩年來的每次冠狀動脈繞道手術，想藉由比較許多醫院的許多外科醫師，來梳理出原因。

他們的結論是兩者皆非。醫院和醫術是影響表現的兩大明顯因素，但結果的差異不會就此確定。同樣的醫院換了不同醫師，表現並不一致，同樣的醫師換了醫院，表現也不一致。

看來最重要的，是醫師和醫院的搭配。產出更好成果的，並不是醫師 D，也不是醫院 1，而是整個特定的組合。這種組合在本質上並不能轉移。對於其他醫師和醫院來說，採用別種搭配的效果更好。

就像我們時不時必須借助想像力，那些哈佛研究人員也運用他們的想像力，來猜想可以解釋結果的無形因素：

〔外科醫師〕可能知道，這家醫院的外科護理師通常不會在手術中出聲談論有可能出現的問題，但要是他們真的發出了警告，那就表示問題非常嚴重。這位外科醫師可能也摸熟了合作麻醉醫師的各種操作習慣，或者她可

能很清楚哪些住院醫師能又快又準的提供某位恢復中病患的資訊。

你可以想像，這種熟悉感會幫助外科醫師表現得更好。相比之下，當同一個外科醫師跑去城裡另一家她較少接案的醫院做手術，她在第一家醫院的熟悉優勢可能就帶不過去第二家醫院。此外，不熟悉環境的細微差異，也可能會有損於她在第二家醫院的表現。

幾乎就像各組大理石紋螯蝦，各種搭配也都帶來不同的動態，有助於創造不同的行為光譜。我們並不是自己獨行。我們不可能不考慮同事就變得很棒。我們的樣子也難免取決我們所經歷的互動，而互動會帶來充滿神祕變異的世界。

重點並不是要說人們的表現完全飄忽不定。沒受過外科訓練的人無論去哪裡做手術都很危險。奧運冠軍不會在下週末到了別的場館就無望取勝（雖然贏家經常換人）。重點在於，本來看似明顯可推廣的事實（像是「如果你很棒，你就是很棒」）可能會受到什麼局限，以及這些局限有多麼容易出現。

第 3 章

此處非彼處，
此時非彼時

顛覆知識的隱晦差異

我們想得很籠統，卻活得很仔細。

—— 懷海德（Alfred Whitehead），〈英格蘭人的養成教育〉
（The Education of an Englishman），1926 年 [1]

我們之所以能生存下來、再三茁壯，就是因為我們從生活中的某個情況獲得了知識，再把知識轉移，用在另一個情況。「我們在那裡做過，而且行得通，就會在這裡照做。」我們敢說自己的知識可以推廣。無論是想出辦法蓋好掩蔽處後再蓋一個、計畫把某個企業帝國推向全球、或是烤蛋糕，經驗都是我們的指引。本章將仔細探討這種自然本能為什麼會失靈。

講到知識無法從某個情況轉移到另一個情況，企業的海外擴張是最佳案例。那些知道（或自以為知道）自己在本土做了哪些事而獲得成功的企業都想進軍海外市場，以便重複他們的成功經驗。

舉例來說，澳洲西農集團（Wesfarmers）在 2016 年收購了英國 DIY 連鎖企業家基公司（Homebase）。當時西農集團在澳洲非常成功。兩年後，《金融時報》卻把這場擴張形容為「不列顛海岸所迎來過最糟的交易之一，總損失預計高達十億美元」。據報導，西農集團同意以一英鎊的象徵性價格脫售。[2]

行動派股東梅恩（Stephen Mayne）在《金融時報》的報導中說：「家基這個案例充分體現什麼叫做傲慢，西農集團以為在澳洲行得通，在別的地方也可以。」

但是，先不說其他差異，英國人似乎更喜歡布類家居用品和花園裝飾品，而不是「充滿大型烤架和電動工具的硬漢文化」。而且，他們對放棄特別促銷、採用「每日低價」的策略並不買單。至少，媒體蓋棺論定時喜歡用這樣的解釋。

那麼，為什麼西農集團沒有發現那些重大差異呢？因為在他們看來，他們把所有的事都統統想過了。「真的是太蠢、也

太侮辱人了，竟然說我們可能太魯莽，」當時的執行長吉拉姆（John Gillam）說，「西農集團可是一家很有紀律的公司。」其他人也讚揚過西農集團的盡職調查（due diligence）。正因為西農集團很懂，所以賭得很大。

西農集團把新併購的事業改名叫邦寧斯（Bunnings），如果邦寧斯沒有砍掉一批熟悉英國市場的經理人，西農集團可能就更能體察消費者行為出現差異的可能性。但是，單單以感嘆策略失誤來帶過，把這類錯誤說得像是可以輕易避免，就是忽略了人們其實很常犯下這類錯誤。邦寧斯只是眾多著名海外擴張和收購失敗的案例之一。英國連鎖超市龍頭特易購（Tesco）在美國的新事業鮮易超市（Fresh & Easy）失敗、美國零售巨頭沃爾瑪（Walmart）則在德國有過悽慘經驗，從這方面來看，想要從經驗概括出知識，本來就有重重危機。

這類例子推翻了知識可以轉移的期望，但不代表所有基於先前知識的期望都站不住腳。也有經常行得通的知識，例如老掉牙的溯因推理：長得像鴨子，游泳像鴨子……很可能就是鴨子。但是，我們需要意識到自己的推理會出什麼錯，還有為什麼會出錯。舉個著名的辯駁為例：這隻鴨子靠電池運作。³

我的論點很簡單：知識往往會受到薄弱環節的影響，只因為一些最小、最神祕的理由，就無法大規模轉移。不僅如此，即使知識是以看似最堅固的證據為基礎，也還是很容易失靈。

事實上，正是因為此處和彼處的關鍵差異過於神祕，從證據中看不出來（除非事後檢討），我們才會好高騖遠。由於我們不大可能看到差異出現，所以會試圖假設沒有任何差異存

在。根據這個論點，信心就變得很危險。一旦有人說他們確定沒什麼別的事需要擔心，那就是應該要擔心。

為了看出這世界創造差異的方法有多麼巧妙，以及瞭解人們有多麼容易遺漏其中的關鍵，我們要來談談一個例子。在這個例子裡，數百萬人以一直信賴的堅固證據為基礎，用著大到驚人的可靠規律，一同建立起得來不易的知識。然後，我們將會看到，當它遇到生活拋出的各層細節時，又發生了什麼事。我們可以從中看到，故事裡的構想確實是建立在確鑿證據上，但即使所有的重要特徵在兩地看起來都相同，卻做不到最字面意義上的轉移，也就是從一地轉移到另一地。

薄弱環節

在 2000 年代初期，印度南部塔米爾納杜邦（Tamil Nadu）的兒童一個個早夭。他們一出生就營養不良，存活機會從一開始就打了折扣；他們虛弱到無法抵抗疾病。

科學哲學家卡特賴特（Nancy Cartwright）認為，造成這種情況的並不是饑荒，也不一定單是貧窮。[4] 在塔米爾納杜邦，懷孕可能有危險。因為醫療保健不良，孕產婦的死亡率很高。準媽媽擔心寶寶個頭太大，生產時會危及自身健康，於是隨著產期逼近而吃得愈來愈少，這種習慣有時稱作「減食」（eating down）。雖然可以理解她們的憂慮，但這樣卻容易產下營養不良的嬰兒，使自己孩子的存活機會變差。

相關援助機構跟那些準媽媽談過話，除了討論到她們孩子

一出生就營養不良的危險性，也試圖瞭解她們的憂慮和動機。援助機構提供了額外食物以防她們有所欠缺，並再三保證孕產婦保健已有進步。這個援助暨教育計畫又大又周到。

計畫奏效了。在塔米爾納杜邦試行這項援助計畫的地方，嬰兒營養不良的比率驟降，降幅也比其他地區來得大；有更多嬰兒存活下來。原因和結果都很清楚：跟準媽媽討論，給她食物和資訊，然後寶寶就比較不會營養不良，也比較可能活過嬰兒期。援助機構想要的就是這種建設性干預。世界銀行獨立評價小組（World Bank Independent Evaluation Group）斷定，計畫的成效無庸置疑。

計畫團隊把握了知識，又在塔米爾納杜邦觀察到原因、效果和補救法，於是他們把對策帶去孟加拉，那裡也有類似問題：憂慮的準媽媽、營養不良的嬰兒、很高的嬰兒死亡率。可是，在孟加拉的計畫失敗了。相較於其他地區，當地的嬰兒死亡率並沒有重大改善。雖然他們付出努力，也帶來知識，但情況沒有多少改變。

為什麼？請試著回答一下，這項經過充分研究、而且有效的對策到底哪裡出了問題？不管怎樣，預期中的因果規律垮了。讓塔米爾納杜邦大獲成功的力量並沒有轉移到孟加拉。

一部分原因是，在孟加拉一地，掌控全家食物的不是準媽媽，而是婆婆。為什麼婆婆會造成這樣的差異呢？也許，對於額外的食物該給誰，婆婆有不一樣的看法（給自己兒子？）；或者大家只告訴準媽媽，卻沒有人告訴婆婆，好讓她可以重新調整做法，來對應懷孕的危險性。

　　或許有人會去查證這個故事，還了不起的發現，孟加拉的準媽媽不知怎麼回事沒吃到要給她的食物。或者有人的答案錯得無可救藥，然後現在覺得很懊惱。無論猜想是什麼，都可能是合理的。在某個別的時間或地點，這些猜想都可能是對的。但不是在這裡，也不是在這次。塔米爾納杜邦和孟加拉的經驗路徑在其他方面都相似，卻分歧了。此處非彼處，儘管只是不完全相同，但「不完全」就足以造成差異。

　　在事前，援助人員（還有我們）很容易自以為知道事情的運作方式，只要拉動同樣的操縱桿，就會發現同樣的成功和因果規律。不過，即使每個故事看起來都極為相似，彼此還是可能有微妙的不同，就像孟加拉所遇到的問題一樣。驚人的是，區區一項細節居然就打敗了知識，而且後果竟然這麼嚴重。

　　這不是要暗示誰有錯。沒有人能確實知道兩國無限細瑣的生活特徵，也沒有人能瞭解哪個特徵可能原來很難搞。問題在於，只要有一個地方出錯就夠我們受的了。即使我們自以為知道 99% 的重點，但我們還是可能 100% 搞錯結果。卡特賴特把這種失靈稱為「最薄弱環節原則」（weakest-link principle），除了失靈的地方，整條推理鏈都很牢固。

　　在大理石紋螯蝦中，兩隻螯蝦之間有差異，而在本案例中，兩地之間也有差異，但這兩者的差異並不太相同，主要在於兩大方面。

　　首先，兩者展現出來的無序程度並不相同。在大理石紋螯蝦中，差異遍及每一隻；在本案例中，塔米爾納杜邦和孟加拉其實各有很大的一致性。塔米爾納杜邦的準媽媽會發揮一貫的

作用，而孟加拉的婆婆也會，兩國的規律各自支配著數以千萬計的人。秩序顯然並未崩塌。本案例有趣的地方就在於：即使知識充分的建立在巨大的規律上，但從此處轉移到彼處還是會失靈。一個薄弱環節就能隔斷最堅固、最妥善證明的推理鏈，讓整條鏈因此斷開。

第二項不同在於，大理石紋螯蝦的變異是無形的，我們不曉得是什麼因素造成差異，而在準媽媽／婆婆的案例中，我們現在知道因素是什麼。這很有用。因為我們清楚後者的因素，還知道因素怎麼運作。我們也稍微更瞭解其中的機制，如何讓一項神祕細節就此動搖知識。而且，因為細節只有一項，所以我們也可以開始想像，如果這樣的細節有許多，會帶來多麼繁雜的不可預測性。

透過這個案例，我們得知隱藏那一半的具體細微影響，也瞭解那些潛伏的影響有多大作用。一些無形的因素似乎也變得有形一點。這些因果拼圖的重要拼片具有全面的效應，會以我們無法預見的方式因地而異。正如卡特賴特所說：從「它曾在某處行得通」到你所需要的結論「它會在這裡行得通」，是一條很長的路，而且並不好走。

第二十二條軍規

有人會說，孟加拉的問題很明顯啊，我們應該早就料到。但是，正如某本好書所說，一旦知道答案，一切就都很明顯。[5]因此，才會請大家先自我測驗。否則，我們很容易覺得自己本

來就能想出來。「當然,我早就知道會這樣,我早就知道會有文化差異了。」

可是,真的有辦法一早就知道會是哪種文化差異嗎?我們要如何查明呢?是否該把這兩個國家都調查一下,去打聽關於食物、母親、大家庭、孩童、養育、懷孕和生產的每項文化習俗呢?

還有,由於我們事先確實不知道哪個文化細節可能有關,是否也要詳細打聽兩國的工作、交通、鄰里、社群、健康和宗教,去查出何者有差異,以防當中某個細節竟然扭轉乾坤呢?

在得知孟加拉的計畫失敗之後,我們一開始既不知道原因是什麼,也不知道該去哪裡找答案。[6]

至少在最一開始的時候,潛在的問題太過隱晦,很不容易發現。基於自我辯解的大腦和後見之明偏誤(hindsight bias)等種種原因,我們以為自己很善於看出問題所在。實際上,在事情發生之前,又有誰能夠知道,從某處辛苦得來的知識會因為哪個細節(如果有的話)而在別處失靈呢?

「如何得知哪樣東西跟知識是否能轉移有關?」這個問題叫做框設問題(framing problem),是種類似第二十二條軍規*的困境,非常難以回答。我們不想考慮每個因素的潛在效應,只想考慮重要因素的潛在效應。但是,除非我們先考慮每個因

---

* 編注:《第二十二條軍規》(*Catch-22*)是美國作家海勒(Joseph Heller)所寫的長篇小說。書中的第二十二條軍規說,飛行員如果發瘋的話可以提出停飛申請,但必須由當事人提出,可是當飛行員能提出申請時,又代表飛行員沒發瘋。後來人們用這條實際上並不存在的軍規來象徵荒謬的兩難。

素的潛在效應，不然我們怎麼知道哪個是重要因素呢？不過，隱藏那一半的未知領域太過廣闊，做起來太累人、太費時了，而且光靠人力也辦不到。

正如經濟學家杜芙若（Esther Duflo）所說，如果我們一開始覺得某件事不重要，那麼便不會加以關注，然後就可能永遠不會注意到那件事其實很重要。[7]

既然我們無法確定哪個是重要因素，又無法每個都調查，那麼應該怎麼辦呢？好吧，我們總是可以猜猜看。在這種情況下，猜猜看並不蠢──只要我們承認，有些我們本來喜歡稱作分析的做法，其實只是猜測。

但是，既然猜猜看不能照顧到每個面相，我們就不得不接受另一種可能性：我們就是不知道，也搞不清楚哪個細節可能促成或毀掉我們的構想。[8]對於「我們檢視過所有的相關證據了嗎？」這個提問，唯一合情理的答案是：「我們試過了，但誰曉得呢？」

比方說，如果要說服開發中國家的民眾申請無息貸款，把自己家連接到供水和汙水系統，讓他們不必使用儲水塔、每天花上幾個小時取水，那麼重要因素會是哪個？你可能會想列出可能的清單，一覽發展中國家的家庭跟供水和汙水系統有關的關鍵因素。然後請檢查一下：你列入影印機了嗎？

杜芙若描述過這類的疏忽（如果這可以稱為疏忽的話）。事情發生在摩洛哥的丹吉爾，[9]有間水公司花了大錢建造管線並在住家安裝便器，然後跟市政府合作提供補貼貸款，讓貧戶支付接管費用。結果接受率不到 10%。為什麼這麼低呢？

申請這個方案需要帶著證明文件去一趟市政府，事實證明這是個實實在在的障礙。當研究團隊隨機走訪家戶，提供程序上的協助，幫忙在家影印必要文件，然後送去市政府，貸款和用水接管的接受率就增加到 69%。由於這項小小的額外支出，丹吉爾的貧窮居民獲得了用水方便，也因此拿回大量時間去做別的事情……

她接著說：「提升家家戶戶的自來水供應率是很合情理的政策構想，而且整項努力大體上也設計良好。但是，沒有注意到最後一步（申辦的行政步驟），導致這一大筆實體和金融基礎建設投資得不到回報。」然後，她還語帶警告補上一句，讓任何希望改變任何事情的人不寒而慄：「這些實務設計問題無所不在……」

這個故事告訴大家：別期待書架上的想法在別處行得通。枝枝節節的瑣事和貌似無關的事（影印機跟供水系統能有什麼關聯？）往往既不瑣碎、亦非無關。或許，我們更加注意實務設計的小問題，就更有機會發現這類細節（肯定值得一試）。或許，這類細節就是太難捉摸，只有在事情發展不如預期時，我們才有可能發現。

誰主宰了未知的事物？

比較尷尬的是，我們對事物的掌控感會受到影響。如果我們不知道哪些因素可能很重要，又要怎麼確保它們受到照料管

理呢？如果影印機或其他神祕細節可以毀掉那些似乎跟影印機無關的計畫，那麼我們怎能確信一切都在掌握之中呢？

透過各式各樣的研究，我們已經看出控制有多難，克拉布（John C. Crabbe）的研究就是其中一個例子，他是俄勒岡健康與科學大學的神經科學家，分別在三個不同的實驗室進行一連串的小鼠行為實驗，地點是紐約州的奧巴尼、亞伯達省的艾德蒙頓、俄勒岡州的波特蘭。[10]

整件事跟大理石紋螯蝦的謎團很像，差異也是憑空出現。克拉布雖然沒有複製生物的優勢，但他也像大理石紋螯蝦研究者一樣，試著標準化他所能想到實驗裡會有的每個變數：來自相同供應商的相同品系、養在相同種類的圍籠、鋪上相同牌子的木屑墊料、照射相同份量的白熾光、配置相同數量的窩友、餵食相同類型的飼料顆粒、採用相同的測試方法等等。

你知道接下來會發生什麼事，不過還是聽完吧。

在某些測試項目，每個實驗室的小鼠表現相似，例如對乙醇的反應。在別的測試項目，即使採用的方法已經盡可能的標準化了，三個實驗室還是發現極其不同的結果，例如對古柯鹼的反應。克拉布的論文坦率得令人欽佩，他這樣寫：「我們根本沒辦法讓我們的三個實驗室用完全相同的方式做事情」。他為了弄清楚原因，把那些差異描述得鉅細靡遺，要通盤瞭解可能不太容易，但可以明白個大概：

> 從美東送去波特蘭和艾德蒙頓的小鼠，當然是用空運，但那些送去奧巴尼的小鼠則是搭卡車。運到艾德蒙頓總

需要兩到三個整天的行程，運到奧巴尼則需要一天。在
三月第二批貨該到貨的最後一刻，我們得知有家供應商
無法交付同群的小鼠……幸好艾德蒙頓和波特蘭培育
了多的小鼠。

艾德蒙頓接著就把小鼠運往奧巴尼。艾德蒙頓也把小鼠
運給自己：先用飛機把牠們送到多倫多機場，然後滑鐵
盧大學的布爾曼－佛萊明博士（Barbara Bulman-Fleming）
在那裡一收到，就立即用另一張運貨單把牠們送回艾德
蒙頓。波特蘭把自家培育的小鼠送上飛往洛杉磯的航
班，並在運貨單上吩咐要把牠們送回波特蘭，不過出於
某種原因，牠們在俄亥俄州托雷多機場擱了兩天，然後
才送回波特蘭……

這就是業界所謂的「深描」（thick description）。這裡有哪
些事物會對小鼠的行為表現造成差異嗎？克拉布認為，說不定
有，所以值得告訴我們；無形的某些事物確實造成了差異。他
還繼續描述方法上的細節。這就像是在閱讀克瑙斯加德（Karl
Ove Knausgaard）那種用放大鏡緊盯人生的自傳體小說——窮極
無聊到令人著迷。

克拉布的挫折呼應了蓋特納（Klaus Gartner）的研究（前面
所說的「第三個來源」）。蓋特納花了三十年，「想靠標準化
來減少實驗室動物的生物性狀在質與量的巨大變異性……」，
蓋特納說，他們試著控制結果，但「效果很小」。變異性十分
頑強，絲毫不減。

我們也不必太過悲觀。至少在克拉布的實驗中，乙醇這類
的影響表現相似，無論小鼠是在哪裡接受測試，整個小鼠物種
對乙醇的反應都很明顯。不過，克拉布團隊也直白指出，不管
我們怎麼窮盡智識努力，還是無法控制那些可能具有決定性作
用的簡單因素。

還有，請別開始宣稱你早就料到是影印機了。

此時非彼時

地點如此，時間亦然。就像此處和彼處之間的意外變異會
阻擋知識，此時和彼時之間的變異也會。

以經濟為例。我們在討論經濟時會遇到一個麻煩問題：這
一期的經濟和下一期的經濟真的不是同一個。它在這一期和下
一期之間會變，有時細微的變，有時急劇的變。

好吧，顯然有人會說，那正是我們追蹤相關變化、逐季衡
量 GDP（國內生產毛額）的原因。一般認為，我們相當善於
追蹤這些變化，所以也很瞭解這些變化。事實上，我們知道的
愈多愈好，這一點很重要。經濟政策必須走在繁榮和蕭條兩端
之間，依著路線穩定成長。

再想一想相關證據，可能會有人好奇，跟過去相比，我們
現在到底知道多少？答案或許很曖昧，因為我們是在試著衡量
我們不瞭解的、隱藏著的改變。我們要怎麼衡量我們不知道的
東西呢？我們很快就會知道，這件事並不容易。那麼，我們其
實有多擅長看出經濟從某一期到另一期的變化呢？遠遠沒有

你想像的那麼擅長。

結果就是，隱藏的神祕變化可以狠狠的動搖我們的理解。如果你以為我們完全掌握了經濟如何變化和表現，那你可能會覺得驚訝。事實上，你可以推測出，一定有一堆人拿著準確度極差的資料在討論經濟。

經濟表現的主要衡量指標是 GDP。誠如你所見，GDP 在公開辯論中是很基本的資料，但它並不精確，它是由人設想出來的概念，而不是實物（世上並不存在 GDP 的實體，它不像你對自己交通開支的看法那麼單純，而必須遵照大量有爭議的定義和慣例）。但是，大多數有想法的人似乎都認為 GDP 頗能反映經濟表現。在 2017 年一項可信的大規模調查中，當問到是否認為 GDP 資料準確反映了英國經濟的變化，約有 82% 的人回答「是」（不包括「不知道」）。[11]

GDP 真的能準確反映經濟嗎？[12] 讓我們來測試一下：看看 GDP 如何修正。在 2017 年的時候，英國 4 月到 6 月 GDP 公布為「升 0.3%」，而 BBC 報導 GDP 比前一季略高 0.2%，但也確實指出這只是第一個估計值。所以，請說說看吧：如果 GDP 公布為成長 0.3%，那麼在第一個估計值經過一次一般修正後，情況會是如何呢？該數字一般會往上或往下修正，修個 0.1、0.2……還是修得更多或更少呢？你很可能要用猜的，因為 GDP 的一般修正量很少登上媒體。

修正 GDP 估計值聽起來就像是統計學究家裡布滿蛛網的角落。一部分問題就出在這兒。雖然那裡並不是大多數人會想去的地方，但值得去戳探一番。在我們探索過後，就會發現衡

量 GDP 最首要也最明顯的問題在於，我們正在觀察的混亂世界並不會詳細列出自己的行為。我們必須找出方法加以衡量，但因為資訊往往不完全，所以只能將就。也就是說，我們用的是經濟活動的樣本（以這些事情來說算是大樣本了，但依然是樣本），然後拿這些樣本跟其他資料來源比較。

每年各季 GDP 成長率的第一個估計值，都會在當季結束後二十五天左右公布。真的很快。但是，這是個基於樣本（根據英國國家統計局指出，占「實際」資料的 44%）的估計值，而且還會隨著更多資料進來再修正。這個初估值得到的第一次修正將在大約兩個月後公布。

國家統計局公布了整個過程，並表示從第一個估計值到季後九十天第三個估計值的平均修正量（確切來說，是平均絕對修正量），約為 0.1 到 0.2 個百分點。國家統計局就是喜歡這樣表達初估值的不確定性。如果你猜測修正量的一般大小是在這個範圍，那麼請給自己一個半的歡呼。為什麼只有一個半？因為後面還有更多的不確定性。

首先，修 0.2 算多嗎？按照某種標準來說，那已經算是非常小的了。我們差不多可以認為，初估值在極大程度上說對了經濟的表現，其中有遠遠超過 99% 的部分評估得相當準確。不過，我們最想知道的是事情如何變化，看的就是這個小小的變化幅度，而麻煩在於，誤差恰好發生在這裡。在這個幅度內，修 0.2 的差距很大。因此，如果第一個估計值是 4 月到 6 月季度的 GDP 成長大約 0.3%，那麼之後上修到 0.5%，或下修到 0.1%，都不會讓人意外。

但 0.1%、0.5% 兩者的意義有非常大的差別。按照正常標準，GDP 成長 0.1% 算是疲軟；0.5% 則是相當不錯。看樣子我們起初並不知道差別在哪，這應該夠讓人抬不起頭了。成長 0.3% 的第一個估計值可能是我們的最佳猜測，但 GDP 成長數字顯然有相當大的不確定性，尤其是初估值。

那並不表示政治人物、經濟學家和評論員會因為不確定性而收斂。他們仍然接連提出各種因果推論，藉以解釋 GDP 為什麼成長得如同或不如預期，或成長得跟其他富裕國家一樣快或更快，然後說我們做對或做錯了什麼。這些人對經濟表現說不定沒有太多頭緒，但他們卻能侃侃而談經濟為何如此表現，一點也不害臊。這是第二個問題。

在 2008 年至 2009 年經濟衰退之後，出現了我們現在所謂的撙節（austerity），而撙節期間的經濟數據則促成因果推論的大亂鬥。各種聲音陸續出現，把這些數字最新的些微變化解讀為支持（或不支持）政府政策。

英國脫歐公投後的經濟數據也有相同的待遇。人們把稍低的 GDP 成長拿來證明脫歐會造成傷害，光是前景分析就已經有影響，更不用說真的脫歐；稍高的成長則拿來證明事情才不是那樣、我們好得很。有些人承認這些數字並不確定，他們稍微研究了一下，小心的強調這只是一時的判斷，畢竟這些數字每一季都會稍有變化。其他許多人則不同意。

我們把這種狀況稱為「全都因為」問題：觀察一連串上上下下的其中一個估計值，然後根據最近的上或下得出方便、適合的解釋。但是，眾所皆知，數據好，結論就好；如果數據不

確定，那麼結論也不確定。然而，這項數據非常不確定。

　　雖然這些問題已經很難了，但只要再考慮到「誤差本身也飄忽不定」，事情就變得更曲折、更難以理解。

　　想要瞭解這點，就來看看 2008 年 4 月到 6 月這個特定季度發生的情況，[13] 請參見圖 2。一開始是成長 0.2% 的估計值。接下來是第一次修正，碰巧修了 0.2，大約就是短期修正的平均值，這回是下修。

　　但幾個月後，另一個修正是 0.1，也是下修。然後再一個是 0.2，還是往同一方向。然後整整修了一個 1，又是下修，把我們一路往下帶到 -1.3，這可是個巨大的總更正。但接著，突然間來了大反轉，重新向上，一路跳回到 -0.2，然後又往回下修半個百分點，收在 -0.7（還會再修正），跟一開始差了幾乎一整個百分點。

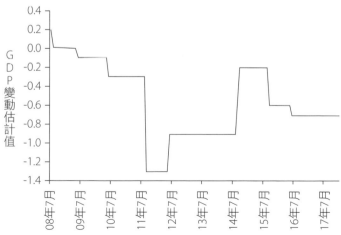

圖 2　GDP 變動估計值（季度變動率，2008 年第二季）修正情形。

　　這可不是大家都知道、向來不可靠的經濟預測，它要描述的是過去。雖然有時候講的是愈來愈遙遠的過去，但初估值用的資料就只有三個月。可是，數字還是七零八落。

　　國家統計局在第一個和第三個估計值之間所觀察到的修正量（無論是單次或累計），通常會是 0.1 的倍數，平均來說則是 0.2 的倍數，但這並無法公正的反映出，人們對特定季度經濟情況的看法有多麼搖擺不定。最新的數字跟第一個估計值差了十萬八千里（從正值變成負值），而且每一次修正都沒有一致的模式可循。在事後三年、六年和七年都有大變動，先是往某個方向，然後又往另一個方向。

　　整條線看起來像是醉鬼走路。問題在於，經濟常常這麼表現嗎？這個季度是僅僅一次的特例、意外，還是常態呢？

　　請下注。已知平均修正量會有變異，那麼你覺得特定季度的 GDP 長期修正量要到多少，才是大得驚人呢？上修或下修 0.3 如何呢？0.4 又怎麼樣呢？甚至是 0.6 呢？英國國家統計局以可愛又節制的方式告訴我們，長期修正量「頗為可觀」。那個詞是什麼意思，而在特定季度裡又會怎麼呈現呢？

　　這就是特殊性問題（particularity problem）。無論你怎麼看待平均值的不確定性，特殊性問題裡的不確定性都可能更糟，因為誤差本身就飄忽不定。

　　有人可能會說，衰退前後的誤差肯定更大。不過，除了檢視可能不太可靠的數據，我們又要怎麼知道，經濟邁向衰退會導致數據變得不太可靠呢？我並不曉得。只不過，事後看來，要預測衰退前後的數據似乎真的比較難。

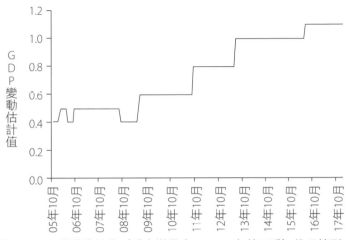

圖 3　GDP 變動估計值（季度變動率，2005 年第三季）修正情形。

　　接著來看看 2005 年第三季，如圖 3。一般認為這是經濟穩定成長的時期，跟繁榮和蕭條都不太有關係。直到我們發現（或我們自以為在過去十年左右逐漸發現）：這時的成長率是在短短三個月裡油門踩到底的 1.1%。

　　或者再試試下一個例子，也就是衰退早已結束的 2012 年第一季，請參見圖 4。

　　這一季的經濟表現低迷，是經濟明顯收縮的 -0.2，經過第一次修正後，情況甚至顯得比最初所想的還要糟糕，但接著卻轉往另一個方向，逐漸變成我們在五、六年後所知的穩健成長。如果有人對第一個、或第二個、或第三個估計值提出信心滿滿的因果推論，只要回頭查查當時的說法，可能很快就會發現自己在耍蠢。對於那些對 GDP 說三道四的人來說，沒有人會去查真是萬幸。

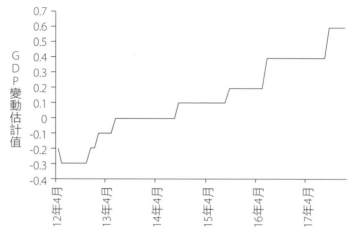

圖 4 GDP 變動估計值（季度變動率，2012 年第一季）修正情形。

其實大多數的修正沒有那麼大，但拉長時間來看，它們經常遠遠超出 0.2。換做是我的話，我會為長期修正量另外設定不同的標準，還會自問什麼情況才有資格感到驚訝，門檻很有可能設定在 0.7 左右。

就一個季度來說，向上或向下修正 0.7 意味著經濟活動的表現差距很大，也就是成長率範圍從 -0.7% 橫跨到 +0.7%，或者說局勢由蕭條轉為繁榮。差距如此之大，在在顯示不確定性有多麼驚人。但是，坦白說，關於過去的表現，只要修正小於 0.7 都不算什麼。當修正來到 0.6，我想應該要說它只是很接近極端，並不是太奇怪。這是常有的事。

從圖 5 可以看出，在過去一百季的資料裡，第一個估計值到最新估計值的修正，每五季就有一季（20%）在 0.7 以上。大約有 30%（平均每年超過一次）的修正在 0.5 以上，而有

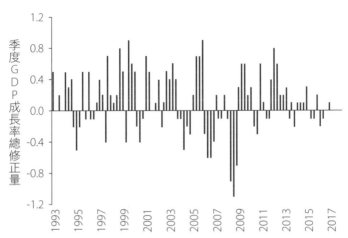

圖 5 季度 GDP 成長率從第一個估計值到最新估計值的總修正量。

40% 的修正在 0.4 以上。由於最近的估計值還沒有經過時間考驗，這些數字甚至可能美化了準確度。

　　也許，現在的數字比以前還要準確，我們從此不會再看到差勁的修正。也許，無論 GDP 的變動想要捕捉什麼，現實依舊是滑不溜手，而我們也不大曉得現實究竟有多遠。關鍵在於，在這種情況下我們對自身知識所抱持的信心，比較不受規律影響，更受不規律影響。

　　一般人看到平均誤差之類的中央趨勢，可能會覺得誤差相對來說是可以預測的。才不行，除非把範圍拉到最寬。我們怎麼會知道最新估計值是準確的、錯得合乎平均、還是錯得很壯觀呢？沒有人能知道。[14] 平均值只是最粗略的指引。因此，平均修正量無法衡量可能的誤差。

　　「之前的 GDP 估計值錯到什麼程度？」和「這次 GDP 估

計值可能錯到什麼程度？」這兩個提問的答案並不一樣。後者更能衡量不確定性，是真正的問題所在。要不然，我們就是明知誤差飄忽不定，還在試著敲定誤差。

如果有人再加上「全都因為」問題，並開始根據最新數據裡的小變動，大談經濟正在發生什麼事，那麼祝他好運；也許只有好運才救得了他。

持平而論，一般常說我們不該過度解讀一組數字（往往說完就那麼做了）。但是，這樣的警告還不夠。我們可以從圖表上看見，有連續好幾組數字往同一個方向修正，而且幅度都很大。事實上，這並不希奇，連番同側修正很正常，從中央線（標定第一個估計值）上下方的長條群就能看出來。

單單一組數字可能不需要慎重看待，但若是一連四、五組，那可能就需要慎重看待了。同樣的，我們要等幾年後才會知道實際情況。但即使到了那時候，也還是會有不確定性。連番同側修正的累積效應可以很重大。

為什麼我們很難把事情弄對呢？因為此時非彼時。這一期的經濟狀況到了另一期，並不是真的相同。組成產業會變，而不同經濟活動的不同混合，也會產生不同的 GDP 數值。但是，我們無法馬上知道一切如何變化，最快也要過幾年，等獲得更好的資料後，才有機會看看事情的全貌。即使到了那時候，也還是會有不確定性。

除此之外，當新的證據顯示我們沒有盡全力捕捉經濟成長時，我們也有修正方法。為什麼會說沒有盡全力呢？因為經濟體不斷在做新的事情，對衡量構成了挑戰：舉例來說，當相

機整合到智慧型手機，即使這可能足以證明經濟變得更有生產力，但 GDP 卻下降了。為什麼呢？因為相片的價值不再包括處理底片的成本。突然間，大多數相片都不是以實體販售，而是以數位方式分享。在這種情況下，它們就被評為無價值。[15]

同樣的，當 GPS 系統納入智慧型手機，GDP 也會下降。我們能把這種變化看作 GDP 的損失嗎？或許可以。至於現在的網路銀行服務又怎麼樣呢？目前沒有人把它當作 GDP 所得到的內在效益，這代表我們認為它對經濟沒有附加價值。開源軟體也是半斤八兩。

等到我們改變心意，換個方式來評估這類潛在價值，那麼目前的 GDP 數字就需要再次修正。這種方法上的修正將溯及既往，往往會對不同季度產生不同影響。而且，我們同時也別無選擇，只能使用舊的假設和樣本、只能以上次檢視所認為的經濟樣貌為基礎。意思是，我們花了這麼多時間才理解了那些改變，但我們的樣本和假設卻總是跟不上。

所以，修正的 GDP 很容易受到影響，畢竟從當時到現在這段時間，一定有偶然發生的神祕變異。就像前面的例子一樣，這件事免不了也有隱藏的一半，有機會大幅影響我們對經濟情勢的判斷。

這不是因為我們有認知偏誤或能力不足。英國國家統計局在談論這些問題時，甚至不太想用「誤差」（error，原意為錯誤）這個詞。沒有誰犯了什麼根本上的錯。我們無疑可以改進方法和資料來源，但沒有什麼合理的策略可以消除這一整個困境。

還記得我們為了準確的追蹤 GDP，把衡量幅度設定到多

麼精細嗎？別再妄想了。因為我們所依據的是過時的樣本，以及遲早也得修正的假設，所以當 BBC 報導季成長率從 0.2「微升」到 0.3 時，雖然成長率變動相當於整個經濟的千分之一，但仍無法看作實質變動的可靠指標。

根據國家統計局的資料，每次的 GDP 是由一個嫻熟老練的團隊負責產製和公布，他們「在整個產製過程中，都很著重統計、分析和經濟方面的辯論」。我猜有人會很訝異：居然需要辯論！數據就是這樣，有什麼好辯論的？但是，國家統計局說，這些估計值「並不是以一般意義上的會計方法來編製」。

此外，由於不同的衡量方式會產生不同的結果，所以專家會在衡平會議上討論數字該怎麼調和，有時則是爭論哪些數字才正確。我曾經從某位與會者那裡聽到其中一次會議的過程。當我問到他們如何達成共識，他挑起眉毛搖搖頭。瞧，無形變數出現了。[16]

細節就足以動搖經濟數據。曾經有兩架巨無霸噴射機的支付款扭曲了一組貿易數字，對政治造成極大的影響，據說它毀了英國前首相威爾遜（Harold Wilson）的工黨政府在 1970 年連任的機會。這麼說吧：一個擁有六千五百萬人口的經濟體，裡頭許許多多的企業、雜七雜八的公部門等等都在拚命進出無數億英鎊，即使經濟活動很大一部分沒有什麼變化，還是有可能在期與期之間的關鍵處出現無形變異。

本來，在任何情境裡做衡量都很容易有誤差，[17] 而時間又把事情弄得更複雜。我們不能假定，某一期的衡量假設和樣本會以我們所期望的方式、以一定的準確度或一致度，穩定妥當

的通用到下一期。所以我們必須透過修正的過程，不斷的去追趕。也就是說，我們經常大大的搞錯現況。

話說回來，我並不是要貶低國家統計局的努力，畢竟為了盡可能準確，它連街角烤肉串車的生意都取樣了。我只是要問目前的「盡可能準確」是什麼意思，好告訴眾人：不管再怎麼認真努力，生活還有個面相難以掌握。國家統計局勸大家別抱著過多信心去解讀數據，還說：「大家對於早期估計值的準確度和可靠度往往期望過高，但早期估計值是依據不完整的數據，在時效性和準確度的權衡下，修正是必然的結果」。即使他們的猜測仍然是最好的，他們還是這麼警告大家。

當你愈去觀察 GDP 引起的反應，愈去留意底下的不確定性，就愈會看到一群學究站在村莊廣場上，為某位官員的暗地衡量做出鄭重的判斷。GDP 能有目前的準確度（哪怕是我們用後見之明，認為它目前準確），可謂小小的奇蹟。

這代表我們不該討論 GDP 成長率嗎？不，GDP 太重要了。即使它不穩，也還是經濟政策的基礎，只不過在上面蓋東西時應該再小心一點。

然而，我們還是可以用更好的方式來談論不確定性。我不得不說，有些人的發言極為謹慎，這點值得認同。在最後一章裡，我們要來聊聊其他的想法，瞧瞧缺少可靠知識時，除了希望它無關緊要之外，還能夠做些什麼事。

同時，我們可以少關注一點短期波動，畢竟我們對它的理解和信心極弱。我們反而可以指出，英國的 GDP 截至 2018 年為止，是七十年以來成長最遲緩的十年——這個結論就算是基

於不完美的數據，也大到足以壓過每季變化 0.1% 所引發的騷動。可是，就連這個結論也可能在未來面臨重大修正。

當對了也不是真的對

想用樣本代表整體，一定有風險。即使樣本完美調整過、也具有代表性，這種完美還是只適用於當時，樣本將隨著時間經過而失去效度（validity）。因為情境會隨時間改變，所以就算我們在某個情境裡把一切都做對，或者至少盡可能做到對，但事情還是會出錯。

我們會遇上一連串的問題，其中一個問題是：我們所知的事物可能既有內部一致性又有正確性，只要現實世界跟原先得出結論的時間或地點不同，應用起來就會失靈。有人說差別在於內部效度（internal validity）和外部效度（external validity）。內部效度意味著，在某個研究的原始情境中，我們認為知識在原始條件內有著堅實的基礎。外部效度則大致意味著，這種知識可以轉移到其他的情境。[18] 這對術語很有用，能幫助我們瞭解某一個情境裡的「有效」為什麼到了另一個情境就變成「無效」，乃至於「有知」為什麼只差一小步就會變成「無知」。

這對術語可以應用在塔米爾納杜邦和孟加拉，探討準媽媽和婆婆的例子。研究人員進行了一項測試，除了發現準媽媽相信的說法與她們後來怎麼吃有關，也大力證明了，營養不良與嬰兒死亡率有關。這項研究具有內在效度。相關證據在情境中站得住腳，使得我們相信，自己從塔米爾納杜邦獲得了知識。

如果研究很嚴謹，卻因為某項因素而不能轉移，這就是缺乏外部效度。研究的發現如果可以適用在本身背景之外（像是在進行原始研究的塔米爾納杜邦之外）的情境，就是具有外部效度；如果不行，就是不具有外部效度。[19] 換句話說，問題就是：某項事實是否代表另一項事實。在塔米爾納杜邦，研究證據轉移得很廣，平均影響了數以百萬計的婦女；然後它突然間就無法轉移了。

關鍵在於，即使我們的成果具有內部效度並經過縝密研究，即使我們自以為瞭解的事物是對的並有堅實證據支持，一旦我們再次應用知識，還是有可能出錯。可能錯在時間，也可能錯在地點。簡單來說，內部效度並不等於效度。[20]

先前的確信

如果把過往的教訓套用在新的情境，事情很可能會比我們所想的還要不確定。這正是難以從歷史學到教訓的根本原因。當然，我並不是說永遠都學不到。但顯然很碰運氣。我們老是聽到有人說「要學到教訓」。可是，要學到哪些教訓呢？舉個例子來說，經濟管理史上到處都是那種當下覺得很好，但日後卻不如我們所想那麼清楚的教訓。

伯恩斯勳爵（Lord Terry Burns）曾經擔任英國財政部首席經濟顧問兼常務次長（1991 年至 1998 年）。我有一次為了 BBC 廣播 4 台的《分析》（*Analysis*）節目跟主持人迪爾諾（Andrew Dilnot）一起訪談伯恩斯勳爵，當時他向我們介紹一個概念，

他稱之為「灼人記憶論」（the doctrine of the searing memory）。

伯恩斯勳爵說，對 1930 年代有記憶的經濟學家來說，他們想不到有什麼事情會比大規模失業還糟。大規模失業是他們那時代的禍害，不僅是他們的灼人記憶，也形塑了他們的理論信念。他們說，再也不要了。他們變得忠於凱因斯經濟學，主張靠管理總需求來維持充分就業，而且寄望於政府支出的力量。一開始似乎行得通。不過，按照常見的說法，到了 1970 年代，政策突然失靈，雖然刺激了需求，但整個經濟體卻莫名的無法供給。時代和期望都變了。惡性通膨爆發（英國達到年率 27%，但失業率卻還在上升）。這種頑強又醜惡的組合稱為停滯性通膨（stagflation）。

當時的石油衝擊讓分析更加複雜，油價突然飆升也助長了通膨。但是，無論通脹和失業的關係是什麼（通常視為抵換關係，只是不再以先前的程度抵換），經濟的表現就是不如預期。凱因斯主義是否因此名聲掃地至今仍有爭議，但既有的政策似乎使得問題加劇。英格蘭央行前行長金恩（Mervyn King）在一本新書裡說：「戰後大家相信，凱派思維（利用公共支出來擴張經濟總需求）可以阻止我們重犯過往的錯誤，但那樣的信心卻顯得天真到可憐的地步。」[21] 只是那些聰明人也共同抱持著這種可憐的天真，他們極力論證，堅信自己很懂，畢竟他們的過往經歷深深的灼入記憶。

到了戰後，新一代上台掌權，經濟故事又不相同。有些經濟學家經歷過 1970 年代的第二次惡性通膨時期，而他們就像伯恩斯勳爵所說的，獲得另一種灼人記憶和理論信念：通膨是

首要之惡。他們說，再也不要了。

結果就是他們推動獨立央行來負責管控通膨。[22] 這些獨立央行有日本銀行、英格蘭銀行、以及歐洲央行（European Central Bank），後者則在條約裡定出獨立的貨幣政策，讓整個歐洲大陸都奉行。獨立央行似乎有助於對抗通膨。那段期間有句敘述這麼說：通膨原本很高，但開始大幅下降，並維持低平⋯⋯公債利率下降⋯⋯造成大家追逐其他投資的報酬⋯⋯導致資金湧入次級房貸（同樣隨著利率下降而起飛了），然後⋯⋯。呃，剩下的大家都知道了：2008 年至 2009 年全球金融危機，以及深深的經濟衰退。

那些教訓都是由灼人記憶所刻下，讓人學得很有信心，當中每一個或許都曾經很有用，而且到現在都還有意義。舉例來說，支持獨立央行的論證並未被推翻。但是，源自灼人記憶的政策或許也在無意間促成了新型的危機。金恩就把 2008 年至 2009 年的全球金融危機描述為另一項「灼人」經驗。

我不是尖酸刻薄的人，所以不會去嘲諷這些危機造成的傷痛，尤其是人類付出的代價。我只是想弄明白我們是否有能力知道它們所代表的意思，畢竟一項灼人經驗及後續的許多反應會促成下一場危機。

我們先前觀察到，經濟行為或經濟關係有可能發生瓦解，或是在規模上有巨大變化（例如 1970 年代失業和通膨之間的抵換）。無論瓦解或變化，都是長久的禍患，可以輕易把經濟帶往錯誤的方向。我們以為世界是以某種方式運作，就相應的制定政策，然後得知發展不符預期。天不從人願。

　　愈強的記憶似乎就帶來愈清晰、愈確定的信念，伴隨在後的則是決心：「再也不要了！」但是，這些辛苦得來的知識，有哪一個能套用在下一次呢？根據近期「灼人記憶」所制定的政策可能管用一次，也可能管用兩次。它們可能對了好多次、對了好幾分。但是，既然政策的提倡者往往料想不到後果，那麼無論哪個人宣稱自己知道如何有效管控、無論他們的經驗有多麼灼人，我們都得抱著懷疑的態度。

　　最新的灼人經驗會帶來最新的教訓，而最新的教訓下一次將導致什麼出乎預料的後果呢？我們當然不曉得。「再也不要了」這句話，以及後續的所有決心和政策，都該配上：「啊……沒料到會那樣。」每一樣沒有預見或沒有想到的後果，都暴露出：我們的理解又有破綻。

知識的假象

　　一直以來都有人主張，為了對抗經濟信心，我們必須懷疑「自己真的能夠知道的事」。著名的經濟學家海耶克（Friedrich Hayek）是其中之一，他總是對經濟學的各個層面提出質疑。他在 1977 年的諾貝爾獎發表過演講，題目就是〈知識的假象〉（The Pretence of Knowledge）。他說：「當我們研究像市場這類的複雜現象，由於現象取決於眾多的個人行動，所有將決定過程結果的情況……都很難完全去瞭解或衡量。」這意味著，任何中央主管機關的管控都會受到嚴重的局限。

　　現在經常有人覺得海耶克是個捍衛者，專門保護那些自稱

自由市場論者的所作所為，但他更有趣的角色是懷疑者而非擁護者，而他的提問範圍相當廣泛：

> 公眾現在的心情，是期待科學解決許多問題以滿足人們的願望，這就同科學解決問題的能力產生了矛盾，於是造成了一個嚴重問題：雖然真正的科學家全都會承認，對於人類事務領域他們的能力有限，但是大眾過多的期待，也總會使某些人不顧自己的能力所限，假裝或真誠的相信自己能做得更好，以迎合人們的要求……認為我們具備這樣的知識和能力，可以在建立各種社會過程方面心想事成，這很可能使我們深受其害。（馮克利譯）

海耶克演講四十年後，金恩在他那本有關近期經濟危機的書裡提出「極端不確定性」（radical uncertainty），還加以強調。金恩的「極端不確定性」和海耶克的「知識的假象」分別瞄準經濟行為的不同面相。海耶克心裡想著國家的經濟管理；金恩則主要聚焦在商業和金融業。但兩人都論證，反對有知推定的想法。看來這種論證需要一做再做。

金恩如此描述極端不確定性：「這種不確定性非常深奧，即使我們能為結果再加上機率，也不可能用一份人們可知曉、內容又詳盡的結果清單呈現未來。經濟學家傳統上假定『理性的』人可以建構這種機率。」他接著說：

> 但當企業進行投資，它們並不是在丟擲各面為已知有限

結果的骰子，而是在面臨未來，可能性不僅難以算計，也無法想像。現在我們視為理所當然、用來定義現代生活的事物，幾乎都曾難以想像，像是汽車、飛機、電腦和抗生素。

據金恩所說，沒有把極端不確定性納入經濟模型，是導致最新危機的一個因素。

1930 年代的美國經濟學家奈特（Frank Knight）做過一個著名的區分：一邊是我們不知道結果，但能用一組有限的機率來合理的估計勝算，也就是風險；另一邊則是無法衡量的「真正不確定性」（true uncertainty）。我們有時會用「奈特不確定性」一詞來描述一無所知的未來事件。

凱因斯也描述過不確定性：「無論如何，沒有哪個科學基礎能夠形成足以計算的機率。我們就是什麼都不知道。」我個人的看法是，在處理這類難題的時候，最好完全拋棄不確定性這個詞。當尺度從最上面的「確定」一路降到底部的「極其無知」，「不確定」甚至「極端不確定」聽起來都還像是留下一絲希望或期望，彷彿是救命稻草，讓人緊緊抓住。我想我們必須明白，我們談的經常都是極其無知。

真的要把這種無知叫做極端不確定性也是可以，不過這種無知在我看來既深奧、又無可否認、也無可避免。我和某些人一樣，相信機率克服不了它。我只是想要推動人們去分析。我們不能光是把整個難題局限在洞察力失靈。

確實，現在的種種無法告訴我們經濟的未來，就算以機率

的形式都辦不到。但是，過往的「教訓」也無法可靠的為現在做出指引。

時間的神祕報復

當然，這種難題不是只有經濟學才會遇到。時間會報復各種知識。人類學家可馬洛夫（John Comaroff）寫道，歷史就是「任何一連串的斷裂性事件，合起來可以讓人肯認我們對當下的誤解和誤認」。如果你接受這種描述，那麼，既然世界上有一大堆歷史，就意味著有一大堆誤解。

聽起來，他抱持著懷疑的態度。上面的話出自他 1994 年的論文，當時認為國族主義的問題正在消退，但他在論文中指出國族主義較黑暗、較危險的一面。[23] 這不僅僅是預言，而且也是關於同時代趨勢的假設敘述。然而在前南斯拉夫等地，幾乎立即就有一連串激烈的國族主義衝突重新出現。他說：「這些事件不僅讓毫無戒心的學界不知所措，而且還證明社會理論的悠久傳統和預測完全錯誤。」

傅利曼爵士（Sir Lawrence Freedman）在《戰爭的未來：一部歷史》（*The Future of War: A History*）中就引述了可馬洛夫的話。傅利曼爵士回顧歷史，指出我們只是使用已被取代的過去，不停的構思出當代的理解，建立當下的智慧。一戰爆發前兩年（1912 年）就有明顯的例子，那時柯南‧道爾爵士（Sir Arthur Conan Doyle）寫了一則短篇故事，內容是一場從水下潛水器開打的戰爭，情節包括客船被擊沉。當時的海軍將領聽了，十分

不以為然，理由不是因為技術上辦不到，而是因為文明國家不會擊沉民船。

理解之所以追不上現實，有一個理由是科技變了。另一個理由是道德或行為規範變了，就像潛艇的例子一樣。第三個理由則是對戰爭的想像變了，正如我們所見，伊斯蘭國的恐怖活動和動亂頗能反制地球上技術最尖端的強權。各種原因構成了多變的地貌，誰敢自稱知道前方的路，那可真是勇將。

傅利曼寫道：「無論擔心害怕或熱切渴望，許多人們期待的發展從來沒有發生過。人們偶爾會在回顧的時候，把那些確實發生的事情當作必然，但卻很少在預估前景的時候，把它們指為必然。」

有個老笑話說：永遠都不該預測，尤其不該預測未來。許多人都承認，未來確實是預言的墳場。但是，有多少人會去辯護過去和現在的可知性呢？而且，過去、現在和未來的知識彼此相依，只要誤解其中一個，就很容易誤解其他個（基於它的或導向它的）。無法瞭解未來，往往就代表我們無法瞭解生成未來的現在。24 既然如此，無法可靠的預測往往就代表無法理解，事實就是如此。然而，我們都是悲慘的預測員。

哲學家桑塔亞那（George Santayana）寫道，不能從歷史學到教訓的人注定要重蹈覆轍。這句話應該再添上一個對比：真的（或自以為）從歷史學到教訓的人注定要跟現在打撲克牌。哪些「教訓」是我們該學到的，而哪些又是我們該放棄的呢？哪些會從過去轉移到現在或未來，而哪些又不會呢？無論是過去、現在或未來，此時非彼時的道理在哪兒都適用。所有脫離

原始情境的知識延伸都會產生脆弱性，但我們極易低估這些脆弱性。

　　當我們以為自己在某時刻證實了什麼事物，卻發現它們在另一時刻行不通，此時就是遇到了跨時有效性的難題。這個難題是嚴峻的挑戰，我們因此要面臨從經驗求得知識的極限。對於任何相信自身經驗的人（也就是我們大多數人）來說，跨時有效性的難題令人不知所措。我們確實曾在某處親眼見證到經驗有效，但這項經驗能轉移嗎？是否會有什麼隱藏又神祕（我們不知道自己不知道）的新因素，使我們在彼時彼地的經驗不能在此時此地發揮呢？

　　然而，有種經驗或許值得放在心上。經濟學家高伯瑞（John Kenneth Galbraith）說：「一敗塗地的經驗對人有益；任何經濟學家都不該從中倖免，而能倖免的也很少。」[25] 金恩也引用了這句話。

　　過去有時會是明燈，有時會是警笛聲，有時則兩者皆是。困難之處在於，怎麼在各種情況下知道過去是哪一種。我們無法提早知道。那些最聰明、清醒而果斷的人知道，生活機制的確會被打亂，但要等到經歷事件之後，才有辦法知道，過去究竟是哪一種，以及事件攪局的時間和方式有多麼巧妙，甚至超出想像。

第　4　章

一條路徑並不夠

從研究中看不到的「發現」

從所見猜測未見……用樣本判斷整體。

—— 詹姆斯，《小說的藝術》（*The Art of Fiction*），1884 年

　　貝格利（Glenn Begley）曾在安進（Amgen）製藥公司任職，帶領血液學暨腫瘤學研究團隊。貝格利是澳洲人，他在 2012 年的時候打算轉換跑道，就在離開團隊前提議，幫接班人準備一份知識現況報告，用來簡介他們試驗過的、尤其是行不通的目標（業界行話裡的「目標」是指，為了打擊或控制成癌機制，人類細胞裡所有據信值得鎖定的元素）。聽起來，這項提議沒有什麼壞處。

　　他還準備讓團隊重現整個領域裡五十三項最重要的發現。他所挑出的每一項發現都是由頂尖科學家團隊提出，先前都曾發表在世界知名期刊，包括《自然》、《科學》和《細胞》。一旦碰到某個實驗沒辦法重現，安進團隊就去聯繫原來的研究者，在某些個案中還站在旁邊看他們重做。

　　在這五十三項研究中，複製成功的有六項。其他四十七項則失敗。也就是說，這些發現雖然出自世界頂尖實驗室、通過同儕審查、登在世界頂尖期刊，其中卻有 90% 似乎站不住腳。最近有本書把相關結果描述為「貝格利的炸彈」。[1] 這起震撼和其他相關披露的資訊仍在撼動整個研究界。

　　「震撼，這就是我們當時所用的字眼，」貝格利在一次訪談中告訴我，「而且現在還是……我真的感到震撼，一些全世界最知名的科學家和實驗室竟然無法複製他們自己的成果。」

　　他說，安進毫不猶豫就決定公布結果，這點值得贊許。但是，在公布結果之後，他受到威脅辱罵，不僅聽到人家說他和他的團隊沒用，還在研討會上被嗆。他說，他太天真了，竟然相信別人也會有類似贊許的反應。

　　時間為他平反。因為其他人也做了嘗試，要讓所謂的發現
站得住腳，卻遇到類似困難。雖然失敗的比例並不完全一樣，
但總是很大。我們以為自己知道許多事情，錯了，我們根本不
知道。於是，眾人的反應變了。在 2016 年《自然》期刊上的
調查裡，90% 的回覆者都承認，研究面臨可重複性危機。[2]

　　貝格利跟其他實驗室簽了保密協議，不能透露他檢視過哪
些研究，因此我們並不曉得哪些知識可靠，哪些知識不可靠。
這意味著同行可能會在不知情的情況下，繼續利用可疑的科學
研究，想藉此產出有用的新知識和療法。

　　他在論文裡說，「有些標誌性的發表結果」複製不出來，
卻「已衍生出一整個領域，數以百計的二次發表都是在擴展起
初所觀察的元素，而沒有人真的去探索根本基礎的真假」。[3]

　　當我跟他對談，提到意外捲入研究動盪的情緒成本時，他
十分激動。畢竟，他全心致力於工作。他跟許多研究者一樣，
都想讓世界變得更美好。結果卻發現有許多集體的努力都是在
自我欺騙，心裡肯定不好受。

　　貝格利始終相信，科學的成功有時會造福所有人。據他所
說，現在有許多疾病的療法都經過反覆驗證，往往成為常規治
療，但在他剛入行時，完全無法想像。所以，損失並不在於所
有科學都失敗，而在於這麼多人才、金錢、時間和機會都浪費
在假線索上，沒有用於促成真正的進步。

　　算是順便吧，貝格利也告訴我，在開始嘗試複製之前，他
就預期那些論文至少有一半是錯的。但 90% 這個數字讓他嚇
了一跳，50% 的話就不會那麼吃驚。貝格利的判斷來自多年

的業界經驗，他會在研討會酒吧跟其他研究者交談，常見的閒聊也許是：「那個研究？我才不信呢。」

在一個致力推進知識的領域裡，有些人可能覺得「一半都錯」聽起來就像某種程度的失能。這並不是說，有一半的實驗沒有發現任何有趣的事。我們完全可以理解這是說，那些貌似透露出某種資訊的實驗，有一半很可能都在誤導人。

當我們觀察實驗是否出現效果時，必須以差別細微的證據來加以區分，不少研究難免會遇到，總有一些是偽陽性。同樣的，也可能會有一些是偽陰性。奇怪的是，我們很少看到報告中有哪個類型的陰性結果，而陽性結果卻毫無保留的出現。這種巨大的不平衡極其可疑。

為了瞭解這是怎麼發生的，請試著想像有一百件研究，是在探討某種憂鬱症藥物的效果。其中大約半數發現有效（藥物管用，陽性）、半數沒效（陰性）。那五十件發現藥物管用的研究全都發表，因為它們似乎正在訴說令人興奮的事情。

但是，在沒發現藥物管用的半數研究裡，卻只有二十五件發表。畢竟，沒有人想聽到研究沒有發現。再來，在二十五件發表的陰性研究裡，甚至也可能在論文摘要裡強調某個陽性的部分，而淡化或忽略陰性的部分。這把陰性證據再削掉一點，也許又去掉了一半。然後，因為其他論文很少引用這些陰性論文，又過濾掉一些陰性結果，導致這些陰性論文可能變得很難找到、沒有人在談論。

在調查研究成果的局外人看來，貌似到最後都沒有人提出質疑。證據一面倒都是陽性：藥物管用。事實上，整體的效果

可能難以判定，但證據就這麼從「尚無定論」一路演變成「毫無爭議」。

順帶一提，我說的是真實案例。德‧佛里斯（Ymkje Anna de Vries）團隊曾經研究過，探討效果顯著的憂鬱症療法報告中，會折損掉多少陰性結果。[4] 他們發現，陰性大多都以某種方式消失了。科學並沒有自我修正，它反倒把一半的證據給消音，又把其餘證據給擴音。

「關鍵在於文化，它促使人們重視影響力而不講究實質內容，追求炫目的發現而不注重大部分科學所從事的枯燥證實工作。」劍橋大學塞恩斯伯里實驗室主任雷瑟女爵士（Dame Ottoline Leyser）說道。[5]

「所有試驗」（AllTrials）運動則讓這類證據消失的故事再添加一筆。「所有試驗」是由公益組織「科學智識」（Sense about Science）所推動，追求的目標很簡單，就是要公開所有的臨床試驗結果。依據歐盟法規規定，臨床試驗結果必須在試驗結束後十二個月內向歐盟申報登錄。

2018 年 9 月，「所有試驗」表示，歐盟登記在案的試驗有整整一半未按要求申報結果。大學的申報比率似乎還不如公司，公司出資的試驗有 68% 遵循規定，其他的則只有 11%。「科學智識」表示，「這意味著，歐洲大學、政府、公益機構和研究中心所出資的試驗，有將近 90% 都違反歐盟規定。」

我們不知道這些結果為什麼遲交。雖然遵循率可能會隨著時間改善，但知道有這麼多證據似乎都難見天日，就讓人很沒信心。

對於沒有參與酒吧閒聊的人來說，麻煩的是不知道哪些研究可以相信。如果發表過的研究居然有一半都是錯的，那麼錯的是哪一半呢？結果，每個研究都讓人懷疑。好比伴侶宣稱會有 50% 忠誠的說法一樣，自相矛盾。一半可靠就是不可靠。如果路標只有一半的時候指對方向，那麼還需要看路標嗎？

貝格利給出以下的建議：

> 保持懷疑。不要因為論文發表在頂級期刊、出自著名研究者，就相信它……必須保持懷疑。身為科學家，我們必須保持懷疑。這對我們努力在做的事情來說是最基本的。讓大家以陽性方式呈現結果的誘因包羅萬象。他們會得到名聲、會成為電視攝影機的焦點、也許會得到升職、也許還會獲選學院院士，如此等等。有很大壓力逼人把數據渲染得比實際上更偏向陽性。

我們顯然值得擁有進步，不必放棄。重點是要弄明白，當有事項宣布時，我們有多少把握它是真實。我們怎麼判斷它是不是知識呢？即使出自專家意見、大學、備受敬重的期刊，都遠遠不足以讓人放心。分辨良莠變得更難，也需時更久，因為我們有太多頂尖人才都浪費時間在追逐可疑的科學。

貝格利說：

> 我在安進的時候，部門裡可能有相當於二、三十個到五十個全職人力投入，嘗試複製發表在頂級期刊的數

據。我們不知道實際的情況，但默克、阿斯特捷利康、輝瑞、諾華可能都在做就算不同也很類似的實驗，畢竟整個產業都很依賴大學裡發生的突破性科學。因此，機會成本很可能比我們實際所能估計的大上許多。

近年來的問題不單只是我們不知道自己何時犯了錯，而是我們不知道自己不知道。一直到最近我們才曉得，許多已經發表的研究知識可能有爭議。對某些人來說，這讓人懷疑現在的問題會不會比過去的問題更糟。

然而，這並不是叫我們去忽視問題。貝格利在癌症研究中發現數據偏向陽性，那麼，在其他地方會有根本上的不同嗎？他看不出這麼想的理由。他預期，不管在哪裡，只要誘因相同就會有相同的行為。而誘因幾乎在每個地方都很類似。

養牛值得嗎？

有些人沒聽過複製危機，當我談起這件事時，他們表達出兩大疑問：一、怎麼可能會有這麼多誠實的研究者，自認看見了也許並不存在的東西呢？二、這個問題肯定不會那麼普遍或那麼糟糕吧？

第一個疑問是，為什麼已經堅持科學方法做實驗了，卻還是會得到脆弱的結論？我可以舉別的故事來告訴各位，即使事情看起來很簡單，但在我們想搞清楚的時候，還是會出現一些實際上的局限。就拿養牛的大致好處來說吧。這能有多難？

清晨五點三十分左右，太陽正要升起，古普塔（Rajeev Gupta）展開一天的工作，他先餵了六十頭摩拉水牛和三十三頭澤西乳牛，然後在上午八點左右開始擠奶，大約要擠上四個小時。工作很辛苦，但報酬不錯。他拒絕透露能賺多少錢，不過根據《印度快報》（*Indian Express*）報導，他的水牛和乳牛讓他買了一房一車，還能供應兩個孩子受教育。[6] 顯然，養牛帶來財富。

讓我們把它變成簡單的研究問題：如果你並沒有九十三頭牛，而是只擁有一頭牛，那麼養牛的報酬如何？幾年前，某團隊決定計算在印度養一頭牛的利益。[7]

有些慈善機構會送牛給世界各地的窮人。某一家說 600 英鎊（700 美元）可以買到一頭牛，另一家則說 650 英鎊能買一頭乳牛，而 210 英鎊能買一頭「本地」牛。你可以在它們的網站上讀到談論相關好處的振奮故事：「當你為一個家庭提供一頭牛，也就提供了一個產生財富和利益的持續來源。牛不僅固定為家庭提供牛奶，而且多餘的牛奶也是收入的持續來源。」

研究的結果令人驚訝。養一頭牛得到的不是淨利益，而是淨損失。無論我們想從古普塔養九十三頭牛的富裕生活型態中找出多麼有幫助的教訓，也無論我們認為一頭乳牛對貧戶可能會有怎樣的效用，用經濟學語言來說，一旦把飼主一整年的所有收支加總，尤其是考量到照顧一頭牛所費時間的價值，小規模養牛就是會有負報酬。

讓我們先花點時間想一下：養一頭乳牛划不來，這可是大新聞、大震撼。印度鄉下有很多乳牛，很多人都有養，而原因

似乎也很明顯。牛是手邊最接近省工機器的東西，可以裝上犁頭、載運農作物、套上拉車、還可能生小牛，而糞肥可供自用或出售。如果養一頭牛錯了，那麼這種錯誤處處可見。如果沒有養牛，又很想要一頭，錯了嗎？慈善的好意造成了損害嗎？

根據最新研究，印度全國的行為似乎牴觸了資本主義的基本法則：單頭牛是一種養起來支出大於收入的資產，即使我們覺得養牛的人會精打細算，但他們依然投資在單頭牛身上。

當然，並非所有的牛主人都賠錢，但整體的數據透露出規律：總體來說，養頭牛意味著淨所得變低。假設並不是非養不可，那麼為什麼還有人要養呢？因果推論開始運作，產生許多猜測。

我們知道故事不是只有表面的樣子，所以才在思考。這是優勢，也是很有利的起點。而且，前面的推論提到了牛主人的想法，我們能從中獲得提示，知道他們可能是出於什麼動機，又怎麼會失算。所以，請稍微想想到底發生什麼事，然後繼續讀下去。

有人可能想把自己的答案跟其他人比對一下。當時的答案包括：關於牛的宗教信仰（牛對印度教徒是神聖的）和社會地位（就算不賺錢，養頭牛來撐門面也值得）。

或者，也許牛主人只是算錯了。他們之所以想養牛，是因為沒考慮到養一整年的總成本，卻在最需要一頭牛的時候只想到潛在的短期利益。他們的說法不是「想像養一頭牛一整年要花多少錢」或「想像要是不用照顧一頭牛，我能賺多少錢」，而是像這樣：「想像如果我們擁有自己的牛奶來源呢？」

或許，他們之所以養了一頭牛，是因為繼承或受到捐贈（也許來自某家慈善機構）；或許，他們看到古普塔這種牛很多的人變得很有錢，所以照著榜樣，養一頭牛似乎有道理。

再來看看這個答案：2016 年，新的研究團隊對同樣的著名現象做了另一項研究。他們不是以養一頭牛一整年的成本和收益來衡量，而是以三年來衡量。[8] 在三年裡，有幾段期間具有超高報酬，而整體的損益結餘也更好。

原本支持資本主義基本法則出現矛盾的證據，就隨著一年期／三年期的觀點轉換，被新團隊的結論給否決。神明或人類非理性可能還是有影響，但我們不再需要這類的解釋。養牛就像看天收成，也有好年頭和壞年頭。在壞年頭裡去衡量，可能會看到損失很大。如果改以幾年的期間來看，才看得出更清楚的完整結餘。

你覺得這個例子如何？你可能會抗議說，研究人員以三年期而非一年期來記錄或觀察事實和事件，講的是研究方法，而不是飼主行為。你說的沒錯。其實每個細節都至關重要。簡單來說，關鍵在於我們的方法可能也會有神祕變異，而它可能正好是決定性因素。

我們用不同的方式觀察世界，世界就會呈現不同的證據。因此，方法上的小改變能產生結論上的大改變。由於我們可能沒有採納可以用來質疑的其他方法，只用了一種方法把某實驗做一次，所以通常看不見其他方法的可能性，往往無從得知結論是否因方法而改變。當我們處在一個充滿微妙差異的世界裡時，這就是看不見的「發現」；我們要用其他的手段，才可能

看見這項「發現」。

如果我們嘗試過多種方法呢？那麼我們可能會發現，某一種方法牴觸另一種方法，然後我們就會有點頭緒，原來結果這麼敏感、這麼容易受到看待事情的方式影響。然後，也許我們會更有心理準備去接受，因果關係可能岌岌可危。

有些人會因為這些難以解釋的故事而生氣，我有相同的感受，可是一部分重點就在這裡。對我來說，它們就像填字遊戲的線索，艱深到讓人心煩。但是，並沒有人捏造這些故事來羞辱我們，這些故事都是殘酷、難免的真實世界挫折，對我們的探究方法來說就是難搞。拿起證據對著光，從這個方向望過去，會看到天上有一座座城堡；把它轉個幾度，城堡就統統消失了。史丹佛大學的約安尼迪斯（John Ioannidis）教授以批評研究標準而在聞名學界，他把這種現象稱為「雅努斯效應」（Janus effect）*：證據往往有兩張臉。⁹

印度乳牛的爭論現在解決了嗎？很自然的，原先的研究者回擊了那些觀察三年的批評者。接著又差不多過了一年，另一支新團隊重新探討乳牛利益回報的整個問題。這次是在東非的烏干達，他們發現大多數的飼主都獲得豐厚的正報酬，而且總體來說有明顯的收益，但是有大約三分之一的貧困飼主變得更窮。換句話說，雖然這項新研究指出總體來說的收益頗為豐裕（至少在烏干達是這樣），但要怎麼知道誰會是養牛的贏家，

---

* 編注：雅努斯是古羅馬的神，掌管了開端、大門、過渡、時間、對偶、門口、門框、道路、結束等。一般說祂有前後兩張臉，也有一說是四方四臉。

誰又是輸家呢？因此，這場爭論持續下去，甚至到了現在，我們還是不可能有把握的斷定慈善機構該不該分送乳牛。狀況可能取決於乳牛類型、飼主、天氣、國家。

養牛與否並沒有決定性的綜合判斷，但有另一種結論：一旦我們把養牛所牽涉的神祕變數跟養牛研究的神祕變數混在一起，答案就會翻倍增長。如果真的是這樣，也許我們就能料到，並沒有確定而能推廣的答案。[10] 因為這個世界的變異如此微妙，所以一個簡單的提問會產生一大堆答案。

細節產生了不成比例的效果，很氣人對吧？我們揚起帆，一次又一次乘著因果關係的信念之風，展開伸張巨大真相的旅程。我們祈求終點會是資本主義、宗教或人類無理性等等的大主題。然後，我們撞上海圖沒有記載的礁石。

雅努斯的 241 張臉

複製問題中提到，只要用不同的方式面對資料，就會得出多種結論。西蒙斯（Joseph Simmons）團隊幾年前撰寫的論文清楚的說明了這個面相，為了描述研究者所做的每個選擇如何弄偏結論，他們創造出「研究者自由度」（researcher degrees of freedom）一詞。[11]

他們說，雖然錯誤在所難免，但有一種錯誤出現的次數遠比它應有的還要多：研究者宣稱自己看見某種關於世界如何運作的真相，但其實沒有看見。這是一種偽陽性。

西蒙斯團隊寫道：「在蒐集和分析資料的過程中，研究者

有許多決定要做：應該蒐集更多資料嗎？應該排除某些觀察結果嗎？」如此等等。那些計算養牛成本的研究者也面臨著類似決定：要看多久的時間呢？一年、三年、又或許是牛的一生？

他們接著說：「研究者很少、有時也很難事先做出這一切決定。反倒常見的是（而且是可接受的做法），研究者會探索各種分析替代方案，以尋找某種產出『統計顯著性』的組合，然後只報導『行得通的』」。

研究者不需要不良意圖、作弊或「撈取」（fishing）發現，只需要含糊帶過他們怎麼做出這些最好的研究決定，再加上他們想要有「發現」的傾向，就會出現西蒙斯團隊所說的狀況。可是，研究者這種有意或無意之間的組合，很容易讓我們看到他們是如何產出脆弱的結論。

如果這些發現對小小的調整或假設很敏感，那麼這些發現可能是人為的產物，它們所反映出的是我們的研究方法，而不是世界運作的方式。或者，也許世界會隨著環境的輕微變化而換個方式運作，所以我們檢視資料的特定方式就會告訴我們，生活中某個狹窄的角落在最狹窄的條件下發生了什麼事。如果真的是這樣，那麼追尋普遍真理的渴望已經帶我們走上一條不歸路，直通普遍無關。

西蒙斯團隊寫道：

> 身為科學家，我們的目標不是發表盡可能多的文章，而是發現真相並加以傳播。我們之中很多人（包括本文三位作者）經常不再看見這個目標，反而屈從壓力，去做

任何講得過去的事情，以便整編一組可以發表的研究。這並非有意欺騙，而是對模稜兩可做出利己的解釋，這使得我們能夠說服自己相信，只要產出的結果最足以發表，那些決定就一定也是最適當的。

一度的研究自由度可能感覺起來微不足道，幾乎不足以觸犯我們的因果直覺或研究是否正確合宜的感覺。不過，如果證據就像本書證據所說的，有著會微妙跳動的因果關係，那麼這樣的自由也許就很關鍵。

研究者擁有多大的自由呢？卡普（Joshua Carp）在 2012 年發表了一篇論文，題目是〈實驗的祕密生活〉（The Secret Lives of Experiments），[12] 探討神經造影領域的研究自由度問題。他調查了 241 項已發表的研究，確認當中所用的各種方法，然後發現差不多快有 241 種不同的研究管道（資料處理方法）。也就是說，幾乎每篇論文都用了不同的方法。

卡普說，偽陽性發現的比率可能隨著實驗設計的彈性變大而增加，而實驗設計的彈性顯然極大。他在另一篇論文中，[13] 想要估計這種自由可以達到什麼程度，於是他找了一項神經造影證據，再丟進他所說的眾多獨特分析程序。他寫道：「考慮這些策略的所有可能組合，就產出 6,912 條獨特的分析管道。」選擇（實驗分析的自由度）相當巨大。

另一個用來描述相關風險的譬喻也非常生動，叫做「歧路花園」（The Garden of Forking Paths），出自阿根廷作家波赫士（Jorge Luis Borges）的故事，由兩位美國統計學家加以改編。

蓋爾曼（Andrew Gelman）和洛肯（Erik Loken）想像出一座迷宮花園，裡面有著近乎無限多條的路徑，而研究者只選擇了其中一條──恰好是通往「某個發現」的那條。

再次強調，研究者不是有意作弊。蓋爾曼和洛肯提供了以下的假設例子。

> 有位研究者很好奇，假如以健康照護或軍事這兩種不同的情境脈絡來表述同一份簡短的數學題，那麼民主黨人和共和黨人的表現會有何差異。研究的假設是，情境脈絡很重要，預期民主黨人和共和黨人分別在醫療和軍事的情境表現較佳。可供利用的還有以標準 7 分量表衡量的政黨認同，以及各種人口資訊。
>
> 接著就可以在全都合乎資料的前提下，進行很多可能的比較。舉例來說，在男性而非女性中發現模式（具有統計顯著性）時，可以用男性比女性更具意識型態的理論來解釋。或者，在女性而非男性中發現模式時，可以用女性比男性對情境更為敏感的理論來解釋。或者，模式可能在哪一組都不具有統計顯著性，但是〔組間的〕差異可能具有顯著性（如上所述，仍然合乎理論）。
>
> 或者，只有提問者是女性、受測者是男性時，才看得出效果。我們也許能在健康照護情境中看出性別差異，卻在軍事情境中看不出。這可以說得通，畢竟健康照護目前在政治上是非常突出的問題，但軍事並不是。
>
> 此外，用 7 分量表把受測者歸類到民主黨或共和黨，其

中是有自由度的。而獨立選民和無黨派支持者要怎麼處理呢？他們可能完全被排除。或許，關鍵模式就出現在黨派支持者和非黨派支持者之間？如此等等。

有時候，一切所需要的，就是挑選「對的」路徑。

「對的」路徑可信嗎？

我們可以採用多種方式來面對提問，但對的方式卻不總是很明顯。幾乎沒有哪個提問可以保證逃出困境。試試這個：對於類似的足球賽犯規，如果深膚色球員比淺膚色球員更常被判出場，那麼種族歧視就可能是紅牌的一個原因。我們會怎麼查明是否真的不公平呢？線索如下：事情沒有那麼簡單，單單計算每位球員的紅牌數並不夠。

西爾伯贊（Raphael Silberzahn）和烏爾曼（Eric Uhlmann）分別來自西班牙和新加坡的商學院，他們找了一堆資料，內容涵蓋法國、德國、英國和西班牙的頂級聯賽，然後請二十九個研究團隊用同一堆資料幫忙找答案。[14] 結果如何呢？亂七八糟。在二十九個研究團隊裡，有九個發現膚色和紅牌沒有什麼關係。有兩個說淺膚色球員比較會被罰出場。有十八個則說深膚色球員才是。

雖然多數意見還是認為，深膚色球員收到的紅牌確實比較多，但是，為什麼會有如此的分歧呢？因為，看待問題的方式存在著各種選擇，也就是自由度。應該考慮球員踢的位置嗎？

或者要考慮球員踢球的國家？這類問題的答案，加上用以衡量
效應的統計技術選擇（想進一步瞭解的話，「從貝氏集群法到
對數迴歸和線性模式都有」），就得出截然不同的情況解讀。

採用了多種的分析方式，就意味著證據很雜亂。但是，如
果只有單一團隊用單一方法進行研究，又會發生什麼情況呢？
可能會有單一結果，於是我們現在就把它當作確實的證據，並
加以引用：「研究人員發現……」但它是對的結果嗎？這場操
作把一般隱而不見的情況給揭露了：如果我們用來對照的查明
方式不只一種，我們的研究努力有可能會找到多種答案。

顯然，無論哪一種方法，僅用一組條件做實驗，就會落入
圈套。貶低方法論的人常拿一個心理學的經典案例當做拳擊沙
包，研究界的人現在都厭倦了，倒是我們其他人還停不下來。
這個心理學實驗的設計是，讓人在沒意識到有詐的情況下想到
年老。研究者實際上是用語詞對受試者進行促發（priming），
但偽裝成語言能力測驗，然後看看會發生什麼事。

研究者在實驗中偷偷計時，看十五名受促發的人接著花了
多少時間走完外頭走廊，然後拿去跟另外十五名未受促發的人
做比較。總體來說，受促發的人走得比較慢（所以才會讓研究
者發現），好像他們只因玩了年老相關詞的語詞遊戲，就自動
變老了一些。15 實驗經過重複測試，也是兩組條件各用十五名
學生，得到相同的結果。

這個實驗在 1996 年進行，當時還有許多實驗，都顯示促
發是種普遍的現象。臉部回饋假說（Facial feedback hypothesis）
是另一個例子，實驗發現：微笑令人開心。研究者問大學生，

拉森（Gary Larson）的漫畫《遠方》（*The Far Side*）有多好笑，過程中給了鉛筆讓大學生用牙齒咬著（誘發「微笑」），或用嘴唇夾著（誘發「噘嘴」）。「微笑者」覺得圖畫更好笑。[16]

在 2008 年和 2012 年，其他人試著重做老年促發實驗。[17]他們並沒有發現任何效應。然後，如你所料，爭論就開始了。例如，複製實驗之所以失敗，是因為要受試者「直走到底」的「直」這個詞，壓過了年老意念的促發效應嗎？或者，複製實驗裡的促發詞並沒有讓受試者充分、強烈的聯想到年老呢？

也許原始實驗有瑕疵。或許失敗的複製實驗有瑕疵。我再說一次，不需要懷疑任何人的誠信，但我們還是要想想，這些同類的試驗各找了三十人，從中得出的證據是否足以下定論。至少，實驗設置得似乎非常敏感：像是「直」這麼一個詞都有影響。如果實驗取決於方法上的微小細節，那麼整體的結論會有多牢靠而能加以歸納呢？難道促發效應就是這麼抽搐不定，讓人無法判斷何時會有，或究竟會不會有嗎？另一方面，我們能在某一天明確指出，是哪些突發事件讓促發生效嗎？

我們不知道。就目前來說，如果細微的變化就能輕易壓過促發效應，那麼我們又有什麼機會能在現實世界環境裡控制促發呢？有一個「微笑令人開心」的複製實驗也是失敗，而另一個則在「對的」條件下成功了。[18]

我與本書一致的看法是，我們很可能受到種種小細節或小細節組合的影響。我懷疑，在一個充滿神祕變數，而變數又會與許多其他變數互動的繁雜世界裡，這些影響具有系統、穩定或可控的可能性有多大。在這樣的世界裡，如果我們尋找的效

應恰好很強、很清楚，那麼只看一次、或只在一個情況裡看、或只在一組條件下看、或只用一種方法看，也許就夠了——而我們確實偶爾會發現這類的效應。不然的話，我們似乎就是在自找麻煩。

前面幾章的故事提醒我們注意，在跨地、跨時、跨人或跨動物時，知識有脆弱性。本章則揭露另一層脆弱性，這次是我們所做的特定選擇，也就是我們看待世界或面對資料的方式。

拿好相機，行使一度自由度，從這裡拍張照。會看到什麼呢？會看到世界如此運作：行使一度自由度，改變觀點，然後世界也跟著改變。這只是方法上的缺陷嗎？還是因為，即使每個場合都有上千種不同的影響，這個世界都可以巧妙的微調，所以我們的方法才苦苦掙扎呢？[19]

如果這是研究界的情況，那麼政治界、商業界等人士更應該捫心自問，自身所處的圈子是否也鼓勵眩目但虛假的發現，是否只要選擇「對的」追查路徑，就可以既容易又虛假的獲得「對的」答案。而如果這一切在他們的圈子裡似乎也有可能出現，那麼他們對於自家里程碑的可靠度應該給予多大信任呢？

「知識」的眾多鬼魂

至於我提到的第二個疑問（也就是研究裡的問題肯定不會那麼普遍吧）又怎麼樣呢？

繼續以心理學領域為例。學界關於複製的擔憂一直都很強烈，「種種發現」都無法通過一群群科學家的重新測試，紛紛

在持續審視下消解不見。有個團體叫「複製計畫」（Replication Project），他們重新檢視在高排名心理學期刊發表的一百項研究，結果有三十九項複製出來，六十一項複製不出來。[20]

維吉尼亞大學心理學教授諾席克（Brian Nosek）負責領導這項複製工作，他說，我們無從確知這些論文哪一篇是真、哪一篇是假。但是，這項工作確實提高了懷疑的水準。值得稱讚的是，心理學界現在紛紛意識到這些問題，並且努力應對。

生醫科學是另一個關注研究問題的領域，長期以來都有人抱怨。1994 年，受人尊敬的醫學統計學家奧特曼（Doug Altman）寫了極其直率的文字來抨擊研究標準：

> 當醫師因為一意孤行或愚昧無知而採用錯誤療法，或者錯用正確療法（例如給錯藥物劑量）時，我們應該怎麼看待呢？大多數人都會同意，這種行為並不專業，可以說是不道德，而且當然是不可接受。
> 那麼，當研究者用了錯誤技術（無論是刻意或無知）、錯用正確技術、曲解結果、選擇性報導結果、選擇性引用文獻、得出未經證實的結論時，我們應該怎麼看待呢？然而，許多針對一般和專科醫學期刊文獻的研究已經顯示，上述現象全都很普遍。我們應該感到震驚。這無疑是醜聞。

他的話在當時是對的，放到現在很可能還是對的。二十多年後，其他人依舊用著類似的說法、有著類似的不安。

哈佛醫學院醫學教授凱林（William Kaelin）是批評者之一，他直言：「生醫研究的馬虎讓我很擔憂。」[21] 他有許多擔憂，其中一項就是認為，論文的目標已經從「驗證具體結論，轉為做出盡可能廣泛的主張」。據他所說，追求廣度就失去深度，對於那些變得比以往更加廣泛的宣稱來說，沒有人的專業足以做出評價或同儕審查，他寫道：「危險在於，論文愈來愈像稻草華廈，而非堅牢磚房。」他稱這種傾向為「宣稱膨脹」（claims inflation）。因此，研究界的走向已經偏離了謙卑。

這種研究上的「馬虎」會影響到病患接受的醫療品質嗎？不會才怪。這麼說吧，有些業內人士嚴重懷疑醫療的可靠性。

普拉薩德（Vinayak Prasad）醫師就是著名的例子。他跟許多醫師一樣，也遭知識的鬼魂纏身。普拉薩德醫師現在是俄勒岡健康與科學大學血液腫瘤科醫師暨助理教授，早年受訓時待過心臟加護病房。心臟加護病房很常看到置放支架的療法，也就是拿一根管子撐開狹窄或阻塞的動脈。

對某些病況來說，支架能夠救命，所以仍然是一種醫療武器。不過普拉薩德醫師說，對其他病況而言，最新的消息令人不安；我們現在認為支架經常無濟於事。他記得，有位女病患裝的支架很可能沒有用，白白遭受他所謂的慘烈併發症。雖然有數以萬計的人使用支架這種侵入性療法，但某些病況中（我要強調不是全部），已經推翻了支架療法。

如今，普拉薩德醫師與芝加哥大學內科醫師暨醫學教授西福（Adam Cifu）聯手，寫書討論醫療反轉（medical reversal），說明醫學對於什麼東西有效，已經改變了想法。[22] 他們寫道：

「我們倆各自都想起，自己曾經發現自己對病患所說的或所做的並不正確：我們推行的公認做法充其量都沒有效。」

他們口中遭到推翻的做法都曾經是標準療法，不過數量有點嚇人。他們找了 2001 年到 2010 年間《新英格蘭醫學期刊》（New England Journal of Medicine）的研究，在書的附錄總結出，有一百四十六項研究發現否定公認做法的證據。其中大多是清楚的反轉例子。有些只是指出無效。不管是列表上的哪一種，我們都很難充滿信心的說，可以依賴治療。

我們有理由認為，《新英格蘭醫學期刊》已經披露醫學上所有的、或者至少是大部分的錯誤，所以現在可以放心了嗎？普拉薩德和西福這兩位醫師不這麼認為。兩人從他們的發現推算，在現行的療法中，也許有 40% 不是沒用，就是肯定有害。據他們所說，很大一部分是因為背後的科學原本就不妥。

順帶一提，他們注意到壞主意可能聽起來很合理，讓人難以區分好壞。有什麼事比撐開阻塞的動脈、盡早發現癌症、修整撕裂的軟骨、關閉心臟的破洞更有意義呢？但依他們書上的報導，這些療法如今都令人懷疑，是否真有價值。

把合理當作知識，是很危險的錯誤。合理，往往只是尋找答案的一條微弱線索。況且人們都很會講故事，能為幾乎任何事情說出合理的解釋。盡早發現癌症這件事聽起來不用多想，做就對了，但在乳房 X 光攝影檢測乳癌的情況裡，卻頗有可能測出偽陽性。偽陽性的病例看起來好像需要治療，但可能最好放著不管，因為腫塊永遠不會造成傷害。當我們不能確定哪些病例是偽陽性，意味著想救人就必須趁早全部發現，但如果

以不必要的方式治療，肯定會傷害到其他人。

總體來說，我們並不清楚好處是否大於傷害。尤其平均來說，篩檢過的人不一定能活得比未篩檢的人還久。雖然有些婦女確實因篩檢而獲益，但我們不曉得獲益的人會是誰，所以必須一併承受好處和傷害。

總之，我們並不清楚該怎麼做。只有病患自己才真的能決定。美國以前關於篩檢的建議是，如果你不去篩檢，「你所需要的就不僅僅是乳房檢查了」。那種信心現在顯得很尷尬，因為我們發現過去把資料看得太確定了，實際情況並非如此。[23]

雖然沒有人跟我們說，但我們一直都會因為不確定該怎麼做而感到脆弱。。2018 年，英國癌症研究機構（Cancer Research UK）的早期發現中心主辦了一場研討會，在會議中得出結論：「各種癌症篩檢計畫在實施幾十年後，都背負著尚未解決的倫理課題和可疑的結果……專家取得共識，認為應該重新審視這些計畫，因為它們沒有跟上我們對疾病自然史的知識。」

臨床醫師和患者原本應該要對療法保持懷疑態度，但就上面推翻先前說法的紀錄來看，他們好像沒有這麼做。有證據顯示，可能是因為患者相信臨床醫師，才使得雙方似乎都誇大了獲益的可能性。[24] 我最近參與一項由醫學科學院（Academy of Medical Sciences）主辦的醫藥風險溝通計畫，醫學科學院對患者和其他人進行了一系列的焦點團體訪談，訪談時問參與者，他們對治療功效的不確定性有何想法。我去旁聽了一、兩場。他們說：「不成問題，醫師不會給我沒奏過效的東西。」[25] 呃，也許吧。

最近有本令人不安的書，它的書名很詼諧，叫做《屍僵》（*Rigor Mortis*）[26]，rigor mortis 這個拉丁詞原意為死後僵直，但 rigor 在英文裡也有嚴謹之意，雖然書裡並不至於去說醫學研究的嚴謹性已死，只是副標題《馬虎科學如何創造無用療法、粉碎希望並浪費數十億元》（*How Sloppy Science Creates Worthless Cures, Crushes Hope, and Wastes Billions*）還是讓人聞到一絲懷疑的味道。[27]

約安尼迪斯也長期批評研究標準。他曾說，就連理論上應該要糾正先前錯誤的實證醫學（evidence-based medicine, EBM），也被「綁架」了，兇手就是偽裝成權威的偷懶、自利或爛科學假設。

約安尼迪斯在紐約出生，在希臘成長，目前待在史丹佛。他的言行舉止有禮，面帶微笑，不太像是直話直說的人，但他痛罵爛方法和可疑發現的態度相當出名。2016 年 5 月，在柏林的一場演講中，[28] 他以十多年來發表的眾多論文為依據，對研究技術提出各種批評，但他的氣惱近乎輕蔑，他說：「科學的發現已經成為無聊的討厭鬼」。

他的意思是，發現太多了，多到不像真的。

這個看法也是強調，發表的過程會過濾掉陰性結果。做實驗一定偶爾會產生沒有規律、沒有模式、沒有效果的報告，它們都到哪兒去了？我們只聽到「成功」。事實上，我們宣布太多成功了，以致約安尼迪斯說，整個盛況變得不像真的。

依據某種標準檢定，我們可以判斷實驗或資料是否呈現陽性結果。[29] 約安尼迪斯在演講中說，大約有 96% 的生醫文獻

都宣稱有顯著結果：「它們全都宣稱說某個東西有用。」「這幾乎毫無意義。」

他補充，成功率在過去幾年裡已有改善，意思是說，報導成功的論文沒有幾年前那麼多，但他又接著講：「不幸的是，我們還是非常成功。」

他說，我們看得出來科學有這種過度宣稱（overclaim）的傾向，因為在某些領域裡，我們可以重探幾年前的實驗，利用新技術重新測試相關發現，看看那些「成功」是否站得住腳。有個例子來自基因學。

二十年前，大家都在全力追尋「造成⋯⋯的基因」，有許多報導過的發現都指出，特定基因跟行為或疾病有關。這種研究通常是由小團隊用小樣本進行，不但做起來很慢，往往也很貴、很少被複製。一項研究可能頂多只找來幾百名某疾病的患者，從中看看他們的基因組有沒有共同特徵，然後就指認出元凶基因，只因為患者的這些基因似乎比全人口更常見。

十年前，基因學有了改變。樣本變得更大、檢測變得更加便宜、團隊規模更大、標準更為一致、複製也更容易。這表示我們可以拿使用老方法的舊研究，來跟針對相同問題的新研究做比較。約安尼迪斯說，結果顯示有將近 99% 的老「發現」站不住腳。

舉例來說，曾經有個樣本為 1,476 人的研究，發現 237 項和兒童氣喘相關的基因座，但用更現代的技術重新測試，卻只有一項基因座複製成功。其意涵令人不敢置信，也難以迴避：多年來，科學的一大熱門先進領域幾乎完全靠不住。

在 2018 年我參加的研究方法研討會上，有位講者反思那些舊研究，他每個都參與過，他說：「二十年的基因學全都錯了；付出大量的努力，但基本上什麼都沒產出。」

儘管狀況似乎確實慢慢的在改變，但更廣泛的擔憂是，老方法的特徵（樣本小、很少或根本沒有複製等等）也出現在社會科學或其他領域的研究。約安尼迪斯團隊已經開始調查其他研究領域，並提報說，實證經濟學有誇大效果量（effect size）的問題，會誇大研究標的所造成的差別，他們還斷言：「這些實證經濟學文獻所報告的效果，有將近 80% 都言過其實」。[30]然而，《科學》期刊有篇論文發現，大約有三分之一的實證經濟學研究複製不出來，而這已經優於其他領域了。[31]

並非所有的學科都受過這麼多審視……至少現在是這樣。而且，有些學科的狀況很可能比其他學科好。就目前來說，我們不知道在某些比較硬的科學裡，這個問題有多大，不過我們可以衡量相關意見的概況。前面提到，2016 年的《自然》調查了 1,500 名研究者，發現將近 90% 承認有危機，調查範圍就納入了生物學、化學、物理暨工程學、地球暨環境科學（但也包含醫學）。[32]

我要重複一點，有大量科學都是由嚴謹、力求正確的人用極其負責的態度去做的。他們的努力無價。但是，就像許多好東西一樣，整體的某些部分可能會悄悄變得腐敗。那些調查複製和研究設計的人並沒有做出會上報紙頭條的發現，但他們讓大家看到某種也許更有價值的事情：我們在推進知識上的努力大多十分脆弱。

我們可以從此開始改善，第一步就是承認：當我們自稱知道的時候，其實往往並不知道。最後再說一次布斯汀的見解：進步的最大障礙並不是無知，而是知識的幻象。

路徑是一條、多條、還是沒半條？

既然我們知道分析問題的方式很容易影響結果，那麼我們看到的行為就很驚人：我們常常只選擇一個觀點、走一條穿過花園裡重重歧路的路徑、只使用一項規則或測試，然後就宣布有所發現。

有些決策規則可以用來評估單項研究裡的證據強度，其中之一是統計顯著性檢定。

對許多沒有統計背景的人來說，統計顯著性檢定的意思是什麼、又如何運作，都是個謎，理由顯而易見（下一段的解釋可以跳過）。

例如，我們想要查明人們喝多少茶和他們生多少孩子是否有關係。整個檢定一開始在分析任何資料前，會先假設兩者之間沒有關係（又叫做虛無假設）。當資料一進來，而我們認為確實看到證據，顯示多喝茶似乎和多生孩子有關，我們就問：「如果我們的虛無假設為真，也就是兩者之間其實沒有關係，那麼我們看到這些結果的機會有多大呢？」如果我們觀察到的機會小於 5%（通常會以 p 值表示，寫成 $p < 0.05$），那麼這個水準就視為可以拒絕虛無假設。統計顯著性檢定並不能證明或檢驗實驗結果的「真偽」，而是在統計上檢驗我們的觀察結果

是否存在。小於 0.05 的 p 值已經成為許多研究者的心中渴望。

統計顯著性聽起來很彆扭，但它是統計調查的主要工具。對統計外行人來說，統計顯著性支持者和批評者之間的鬥爭令人吃驚。

批評者把統計顯著性稱為「統計煉金術」，想要加以廢除。[33] 他們的抱怨重點是，有時結果只是碰巧出現，可是一旦經過統計顯著性檢定的認證，就很容易化為「發現」。當然，所有方法都可能遭人誤用；而檢定本身是否因遭人誤用而名聲掃地，我留給別人評斷。[34] 坦白說，我對 p 值感興趣，但抱有謹慎的態度，就我淺薄的統計理解來看，我也承認，依賴 p 值做為一次搞定的二元檢驗似乎過於簡化。

通往知識的單一路徑往往不夠。這聽起來像是山頂居士會說的話，但在做研究的脈絡裡，實務上有必要依循多於一條的（可能）路徑，以確定每一條都通向同一個目的地。多條路徑不但可以滿足複製研究結果的需求，還可以更進一步。

舉「多路徑」觀念的其中一種表現來說，我們應該致力對發現進行「三角檢證」，刻意使用數種優缺點和偏差都不相同的方法做實驗，只要結果一致，就能帶給我們更多的信心，相信我們做出了穩健的總體結論。這種方式會讓科學變得比較緩慢、比較需要合作、成果沒那麼豐碩，而且在某些方面上更貴（不過白費力氣的情況可能會省下不少）。我們更有可能用磚頭建造知識，而不是用稻草。[35]

在知識路徑疑問的最後，我想提一下布斯汀的另一段話，它跟方法沒什麼關係，而是在說：當我們發現沒有效果、沒有

要找的模式或發現，換句話說就是沒有路徑的時候，我們會有什麼感受。他寫道，問題在於「人們不喜歡他們的想像裡空無一物」。

我認為他是對的。「發現」既滿足想像上的渴求，也滿足專業上的需要（撇開不談它們是否描述客觀現實）。我們之所以在心智裡擺設種種知識的幻象，有部分原因在於我們無法忍受心智空空如也。在我看來，詩人濟慈（John Keats）所寫到的「消極能力」（negative capability），就是抗拒這種衝動的能力，「……當人有能力處於不確定、神祕、疑惑……」。

濟慈覺得消極能力是一種藝術德性，而我覺得消極能力也是一種科學德性，可以讓人抗拒誘惑，不會一看到少許有知的跡象就太急著去抓住。

消極能力的觀念跟另一個觀念重疊：克制「定論渴求」（the rage to conclude）的能力，這次借用的是作家福樓拜（Gustave Flaubert）的說法，他說：「想下定論的渴求，是降臨在人類身上最為致命、最沒有效果的一大狂熱。」

在做研究的脈絡裡，美國資料圖像化大師塔夫特（Edward Tufte）說，這種渴求導致「倉促、過簡而虛假的因果推論。好的統計分析會設法緩和定論渴求……」。[36]

我們都不希望無知，而寧願有知。但是，我們應該更加擔心，這種渴望會怎麼導致壞的知識，並在最終造成傷害。發展消極能力、平息定論渴求，可能有所幫助。至少，這是對極度複雜的豐富世界表示尊重。

第 5 章

原則並不實際

大構想和小印跡

不管掌握了再怎麼深奧的抽象公式，廣泛的認識細節
往往能讓人更加明智。

—— 詹姆士（William James），《宗教經驗之種種》
（ *The Varieties of Religious Experience* ），1902 年

到目前為止，我們聚焦在低層次小細節的影響。但是，有種知識會刻意忽略這些細節，改為盡力建立簡單的基礎結構。我們把這類知識結構稱作「理論」、「模型」或「一般原則」。這些知識結構不會深入探討各個情況的現實生活細節，而是從中抽象提取一些高層次要素，藉以揭開（我們所希望）適用於一切的基本法則、模式和關係。

牛頓的萬有引力理論並不考慮表面上的矛盾，像是有風將一張從高樓落下的五美元鈔票吹得更高。那不是「萬有」的意思。我們很樂意說，牛頓的想法抓住了關於世界的真相，而天氣不是重點。即使愛因斯坦的狹義相對論後來證明了牛頓誤解重力，但我們仍然樂於使用牛頓理論，因為它在大多數情況下都算是正確，而且肯定足以派得上用場。

問題是，這些抽象公式（套用詹姆士的說法）經常像牛頓的例子那樣，讓人覺得普遍有用嗎？它們也會撞上實際阻礙所隱藏的那一半嗎？

長期以來，理論與實務都有爭論。[1]但近年在某些領域裡，出現了明顯的轉變，變得反對一般原則，而偏好某種遠遠更低層次、更寫實的實用主義。舉例來說，在經濟發展上，你會發現有人很不屑於有關援助是對或錯的概括性提問，而偏好那些最為日常實用的問題，像是搞定學校課本所用的語言。

有一篇談窮國經濟發展的論文叫〈經濟學家當如管路工〉（The Economist as Plumber），作者是麻省理工學院的杜芙若，她在文中寫道：「我們〔經濟學家〕最擔心的一些理論問題也許沒那麼要緊」，而「某些細節我們……可能覺得滿沒意思，

但其實大大的決定了某項政策或法規的最終影響。」[2] 她呼籲把著重點徹底從通用答案移開。

在本章中，我們將聽到控訴理論、一般原則和其他抽象公式諸如此類的抱怨。而所有抱怨都會顯示，對於那些較高層次的答案來說，低層次的具體細節就是隱藏的另一半，它們具有重占上風的兇狠潛力，足以挑戰何謂真正基本面的概念。[3]

受害者和惡棍對上邊緣瑣事

1980 年，西德的機車竊案來到歷史高點，一年超過十五萬起。然後，「有些事情變了」，蓋許（Tom Gash）在他的書《犯罪：人們為何做壞事的真相》（*Criminal: The Truth About Why People Do Bad Things*）裡這麼說。[4] 他講得很保守：「從 1980 年到 1983 年，機車竊案減少了四分之一。然後下降速度加快，在接下來的三年裡又減少了 50%。到了 1986 年，只有五萬四千部機車失竊，僅僅是六年前的三分之一。」

這是個巨大的變化。如果數字往另一個方向走，在六年內翻成三倍，我們可以想像會有怎樣的政治餘波。所以，原因是什麼呢？機車幾乎跟以前一樣多，還是很容易免鑰接電發動，可供銷贓的黑市依舊存在。

那麼，造成犯罪增加或減少的原因是什麼呢？在犯罪原因和相應對策的爭論中，有兩大主張位居要角，它們都以人類行為原理為依據，但彼此競爭，我們傾向從中選擇一個來解釋。

第一種主張認為，犯罪是壞人做的事，是一種道德敗壞，

最好用懲罰和嚇阻來處理,而警察是執法第一線。蓋許稱之為「英雄和惡棍」觀點。根據這種觀點,機車竊案之所以下降,原因可能是機車竊賊的處罰加重,又或是警方變得更堅決。

　　第二種主張認為,犯罪起源於各種社會力,比如在治安很差的社區裡成長,或是沒有像樣的人生前景。這種背景會驅使不幸的人鋌而走險。在這種情況下,我們應該對抗犯罪的社會根源。蓋許稱之為「受害者和倖存者」觀點。根據這種觀點,機車竊案之所以減少,可能是因為失業率下降,或者有人向竊賊伸出援手,幫助他們把對機車的興趣用在更有建設性的地方,也許是某個適當的工作提供了培訓和師徒制等。

　　看看電視犯罪節目、讀讀新聞、聽聽政客講話,就能明顯發現這兩個陣營,各自的信念都很簡潔而完整。蓋許製作了一張雙方世界觀的圖表,請參見表2。這裡的問題是:在兩種理

表2　兩種犯罪觀

	英雄與惡棍	受害者與倖存者
例子	《摩斯探長》、《CSI》、《福爾摩斯》、《超人》	《火線重案組》、《教父》、《萌芽》、《羅賓漢》
人性觀	屬於本質,而且很少改變	深受社會結構和經驗的影響
社會觀	本質上良好,需要保護	本質上不正義,需要改革
犯罪觀	通常是一種自由選擇	通常是一種被迫選擇
罪犯觀	出於貪婪和私慾,「不像我們」	迫於需要和環境,「很像我們」
刑事司法體制觀	是一種必要的社會秩序工具,儘管偶爾不適切	是一種服務權勢者的社會改革止血膠布
道德觀	非黑即白	存在灰色地帶

論性的世界觀中，何者最能解釋德國機車竊案的下降？

根據蓋許的說法，最能解釋的理由既不是英雄和惡棍，也不是受害者和倖存者。答案是安全帽。當時有項修法要求騎機車要戴安全帽，不戴就會被攔下來。[5]

我猜，說答案是道德力或社會力的人會硬拗，表示自己答對了。沒有人想到會是安全帽，連安全帽本身也沒有想到。想要明白為什麼，就必須像蓋許那樣花時間思考：如果道德力或社會力很關鍵，那麼故事會如何展開呢？

如果人們的成長經歷慘淡無望，可能會因此去偷機車，那麼，在偷機車的企圖受挫之後，難道他們不會改偷汽車這類別的東西嗎？但是，其他的犯罪並未增加。無論是什麼社會力，它們全都敗給一頂帽子。

以證據來看，也不能說竊賊單純是出於惡意才去偷機車。只要他們想使壞，隨身攜帶安全帽並不會太難。如果他們真的害怕被抓，那麼這方面的風險很容易就能克服。況且，有誰聽過哪個惡棍會這麼在意方便不方便？

那些說理由是「機會減少」的人可能就更沾沾自喜了，因為這理由有很大一部分看起來像是安全帽。但是，除非他們是為了這個效果才制定政策，否則還是不夠正確。說到底，要怎麼減少這種機會呢？以我自己來說：如果有人請我解決機車竊案問題，我才不相信我會講出「安全帽」。要是我講了，然後還說服某位部長宣布，安全帽是全新反犯罪措施的基石，那麼我們可以猜想那位部長的職涯會受到什麼影響。

然而，我們學到的東西似乎有用。我們知道了機會減少能

對犯罪產生重大影響。這在一定程度上會是可以推廣的知識，何況這種特定的機會減少還能從一國轉移到另一國：儘管一開始沒人想得到，但安全帽法規在其他環境（包括英國和德州）收到類似的效果。

不過，還是有一些局限。機會型犯罪理論是種一般理論，但它開出來的解方並非全體適用，而是花樣百出，其中許多都只能用一次。減少機會的辦法不只一種，在不同的情境下，有種種辦法可以減少犯下種種罪行的種種機會。如果有人期盼在筆電前戴上安全帽（無論是他戴或犯罪者戴）就能防止網路詐騙，那麼我只能祝他好運。

相較之下，懲罰就很直觀。如果你相信懲罰的功效，很可能你會希望嚴加懲罰，然後事情就這樣結束。而且，要是嚴加懲罰即可解決犯罪問題，那麼要推廣這個答案會很容易。減少機會比懲罰複雜得太多了。

本章開頭的提問是想要瞭解，理論或一般原則能指引我們到什麼程度。在機車竊案的例子裡，建構在道德力或社會力的理由並沒有很好的解釋能力，甚至還不如安全帽。雖然它的意外影響一開始聽起來好像跟犯罪無關，但讓人想到機會型犯罪這個截然不同的理論，意味著在具體的實務考量下，會有許多不同的解方。只要我們看穿其他較高層次信念的雲團，就能看到顛覆性的細節長什麼樣子，「安全帽」正是一例。

我們可能會說，只要試一下，更嚴厲的懲罰或更堅決的社會改革也能奏效。但是，太過相信這些想法，會讓我們不去考慮具有重大潛力的解方。換句話說，一般原則能夠蒙蔽人。

不協調

我們正在檢視的問題是，原則或理論能否妥善提供有用的知識。早就有人抱怨那往往做不到，社會科學領域尤其如此。

社會科學知識庫的效用經常受到各學門圈內人士的大量質疑，其中一條辱罵來自某位經濟學家，他說經濟學「積極吹捧難懂的無關事物」；另一條則說管理理論著魔於「含混、行話和時髦」；又或行銷知識庫「與其說像底岩，倒不如說更像沼澤」。有本書把社會科學貶低為「巫術」，另一本則說「在社會科學裡，已知或可預測的事物很少深於瑣事，或很少異於常識知識」，還有一本說「社會科學的國王沒穿衣服」。諸如此類，不勝枚舉。

跟我們特別有關的則是一項經常出現的抱怨，也就是缺乏實證概括（empirical generalization），「這種實證文獻幾乎只包含未經驗證的脆弱結果，在知識積累的發展中是最不牢靠的角色」。[6]

看來風評不太好。但社會科學還是有該受讚揚的一面，例如布思（Charles Booth）、查德威克（Edwin Chadwick）和朗特利（Joseph Rowntree）這些維多利亞時代的社會改革家，他們對生活和工作條件進行觀察研究，記錄了貧窮、住房等社會條件，促成社會改革的新紀元，成為社會科學的先驅。

前微軟首席研究員瓦茨是社會科學家、學者，早就聽過這些抱怨，但他想瞭解，是不是到了應該更嚴肅看待的時刻。一方面，他為社會科學辯護，指責詆毀者不該指望社會最深層的

問題能這麼簡單就解決。他說,社會科學所對付的問題都很艱巨,難以求得答案並不是由於懶惰或愚蠢。另一方面,他也在一篇頗有影響力的文章裡寫道,社會科學可以更加「明顯有用於世界」。[7]

在我採訪瓦茨的時候,他給我舉了一個社會科學失靈的例子,是他之前的老闆,微軟執行長納德拉(Satya Nadella)的故事。瓦茨說,當納德拉決定進行公司改組,納德拉原本會發現社會科學有很多很多話要說,卻幾乎沒半點有用。

> 在管理科學和組織科學上,我們有非常廣泛的文獻,也許可以追溯到一百年前。而這些學科發表的論文以千萬計。於是你可能會覺得,如果你打算進行〔重組微軟〕那樣的事,就會想去讀「組織科學」這門學科。想必組織科學會告訴你,如何讓你的組織更有效率。
> 但那樣想就錯了。如果納德拉當時讀了一百篇這個領域的論文,他可能學不到任何可以幫忙回答問題的東西,他可能只會被搞得真的、真的很糊塗,而且一籌莫展。所以,其實好在他沒去試著那麼做〔讀文獻〕。但這對組織科學可就大事不妙了。你知道,為什麼我們不回答那類的問題嗎?因為:如果我們連試著回答都辦不到的話,我們又在做什麼呢?

「好在」他半點都沒讀,這等於是說組織科學比沒用還不如。至少在商業新聞界看來,納德拉對微軟進行的組織重整活

化了整家公司，可譽為「絕妙」變革的典範。他不大可能會比社會科學的這整個分支更懂得公司重整，但他說不定知道一點微軟眼前的問題，而這些細節也許更為重要。

想像一下，微軟執行長考慮進行公司重組，請他的首席社會科學家建議一些社會科學暑期讀物，卻被告知還不如把時間拿去讀史蒂芬・金的書。

難以置信的是，組織科學並未提供能夠指引納德拉的一般原則。正如瓦茨所述，問題在於它提供了太多的錯誤原則：許多原則在抽象層次上相互矛盾，合在一起根本無法解讀。瓦茨在 2015 年撰文表示，在過去一百年裡，社會科學已經產出大量理論來談個體和集體的人類行為，遠遠超出組織科學。「然而，社會科學在調解這些相競解釋之間的無數不一致和矛盾時，一直沒有那麼成功……。」[8]

「這叫做『不協調問題』」瓦茨這麼告訴我，他的用詞尖銳犀利，不免讓人同情整個學科。他認為，這個狀態有部分歸咎於過去，不先解決實際問題，而著重在各有專業術語的專門領域裡發展理論：「就像某人說過的，世上有種種問題，大學有種種科系。」

即使是在專門領域裡，往往也沒多少共識，瓦茨寫道：「社會科學的問題倒不是這個理論解釋這件事、那個理論解釋那件事，而是它有許多理論解釋同一件事。更糟糕的是，這些理論雖然個別來看往往都很有趣又煞有其事，但合起來看就徹底不協調。」

就像我們之前碰到、指向兩方面的箴言（「三思而後行、

猶豫就敗北」），理論也經常幹同樣的事。在通俗層次上，既有群眾智慧，也有群眾瘋狂（或群體迷思）；既有衝動決斷的價值（《決斷兩秒間》〔*Blink*〕），也有衝動決斷的危險（康納曼的「系統一」思維）。

說句公道話，社會科學並不只是操作手冊。瓦茨說，它幫助我們「挑戰社會現實本質的常識假設、提出豐富的生活體驗描述、啟發人類行為的全新思考方式、以及闡明特定的經驗謎題——在在都不直接處理實際問題，但仍可提供寶貴洞見」。

瓦茨的目標顯然不是要扼殺眾人的努力；無論如何，已經有人投身於實際問題，尤其是在教育、醫療或貧窮等政策相關領域。[9] 但是，他希望看到著重點能夠移往我們可用的知識。就局外人來說，很難不同意他的想法。

用機器模式來思考

在本章導言中，我們簡略的知道經濟學家杜芙若的想法：人們輕易略過的細節往往特別重要，而投以大部分關注的理論問題往往沒那麼要緊。

巴納吉（Abhijit Banerjee）和杜芙若*一樣，是麻省理工學院的經濟學家，他們合著的《窮人的經濟學》（*Poor Economics*）備受好評，書中把矛頭指向發展經濟學裡的一些抽象公式：

---

* 編注：兩人為夫妻，因研究貧窮議題而與克雷默（Michael Kremer）共獲 2019 年諾貝爾經濟學獎。

「把自由市場留給窮人」、「落實人權」、「優先處理衝突」、「多給些錢給最窮的人」、「外國援助扼殺發展」。他們說，這些公式不但簡單明瞭，而且鼓吹者往往還用（精選的）軼事來強化他們的論點，但結果卻遠遠不及預期：「在抗貧政策領域裡，原先散落的瞬間奇蹟碎屑其實沒那麼神奇」，而且「這麼多昨日的魔法子彈[†]，都落得成為今日的失敗想法」。

對於這些失敗，有一種回應是說，我們應該別再努力設想發展中國家該做什麼，理由是我們不知道怎麼做才不會有造成傷害的風險，畢竟我們的首要準則應該是不造成傷害。

兩位作者自己的回應更有意思（至少對我來說是如此）。他們聚焦在管路，也就是實用、低層次、在地的細節：「我們得拋棄那種把窮人簡化為卡通角色的習慣，還要花時間去真正理解他們生活中的所有豐富度和複雜度。」他們提倡「徹底轉移觀點，別再追求通用答案，要我們踏出辦公室去好好看看這世界」。

當然，兩位作者也有支撐他們論點的軼事。他們在故事中談到尚塔拉瑪（Shantarama），是個寡婦，和六個孩子一同生活在印度一處村莊。她的孩子沒有全都上學，但不是因為孩子沒有學校可上，或是經濟上必須工作，也不是因為上學太貴，或是就業市場沒有受教育勞工的需求。那麼，是什麼阻擋孩子上學呢？

巴納吉和杜芙若找出一種複雜的交互作用，其中牽涉到教

[†] 編注：能為先前無法解決的難題提供有效解方的事物。

師動機、在家中孩子擇一投資的常規、相信其餘孩子回報較低的想法、課程合宜性、甚至是教科書語言，如此等等。整個問題給拆得四分五裂，細節變得更小了。感覺起來，聚焦在援助對錯等大尺度的提問都無法處理任何一個部分。

巴納吉用同樣的精神寫了一篇論文，說明他所謂「機器模式」的思維習慣。[10]「機器模式」意味著太確信抽象觀點的關聯性，而忽略「乏味」的細節。據他所說，在機器模式裡，大家都想找到一顆能讓機器啟動的按鈕，或杜芙若口中那個讓世界轉動的根本原因。巴納吉以發展中國家的教育為例，描述了其中一些按鈕：

> 經濟學家談的是分權化、誘因、憑券、競爭。教育專家談的是教學法。政府官員相信的似乎是教師培訓。無論這個受支持的「東西」會是什麼，只要能把它做對，成功就在望了。

他認為，實施的細節其實往往是成敗的關鍵，但這些按鈕把細節變成事後再來考慮的東西。在巴納吉看來，喜愛按鈕的這些人是因為：「它們替我們省下踏進機器的麻煩。藉由假設機器要不自己會跑，要不根本跑不動，我們就不用去查看哪裡的齒輪卡住、搞懂怎麼微調才能讓機器跑得順。」

坦白說，我喜歡討論理論、模型和一般原則，它們能刺激思考，但若以為它們直接抵達日常世界的核心，就是一種具體化謬誤。我們得提醒自己，它們不是實物，而是抽象的東西。

「援助是對或錯？」聽起來可能就像試圖從十公里高的地方解決問題，但問題往往根深柢固、因地而異，也許只有根據個案狀況，一件件近距離去看才能理解。我們也不應該驚訝，既然我們喜歡這類高層次的解方，那麼一旦實際情況有不近人情的隱藏另一半，就會讓我們看來像是神聖的傻瓜。

據說這兩位發展經濟學家很討厭一般化。他們反倒偏愛較小的構想、艱苦的在地解決方案、較少的假設、以及什麼都測試的嚴謹經驗主義。正如你所想的，並不是每個人都同意他們的方法或結果。對我來說，當中最強而有力的一點是，面對我們所能假定知道的事情時，要保持謙卑。正如我想說的，我們智識抽象概念的隱藏另一半，就是堅實的物質世界。

不過，我們在這裡必須小心一點。杜芙若和巴納吉徹底的把觀點轉移到低層次，定義了哪些東西才是根本，但這樣的做法卻遭到批評。批評者認為，更為廣泛、高層次的經濟學原理往往深植於大量的資料，實際上也是以觀察現實世界為基礎。這些經濟學家覺得自己很務實，不輸杜芙若和巴納吉，只是著力於較大的尺度，他們認為較大尺度上的證據不容懷疑。

舉例來說，幾位諾貝爾經濟學獎得主連同其他人，一起把矛頭對準了小尺度、經過實驗測試的解方，也就是他們所謂的「援助成效熱潮」。[11] 他們認為，「那會窄化我們的焦點」，一旦忽略必要的「系統層次思維」，就不能處理大而真正根本的問題，像是跨國企業的權力、氣候變遷或不平等。他們說，如果想要修復那些大砍教育預算 30% 或最先造成地方貧窮的系統，調整學校教科書的語言並沒有幫助，倒是在高層次的政

策下，通常都知道該怎麼處理這些問題。

於是產生了激烈的爭辯，討論何者才是真正的根本，值得投入最多的關注和努力。是高層次的政策脈絡（讓機器啟動的東西），或是在地的實踐（機器裡的東西）呢？

顯然，我們可以試著同時處理兩者。但在我看來，無論是哪一種層次，所有的構想最後都得面對所謂的「地面真相」（ground truth），都必須配合村莊廣場的嚴酷實際情況。我們真的知道自己宣稱知道的事嗎？地面真相就是這個問題最終的低層次測試，而我還沒有看出逃過測試的方法。

舉例來說，我接受氣候變遷必須加以處理。但要怎麼做呢？在各種情況下，要採用哪些技術、哪些社會和政治的機制呢？到底要用什麼資源、什麼論點來動員政治能量，要怎麼應對不同看法呢？我們需要大量在地細節來補足這樣的高層次答案，但細節有可能因地而異，需要我們不停的努力和探索。在這裡行得通的，在那裡行不通。

同樣的，跨國企業的權力必須縮減的說法也許正確，但這麼做也會引發最激烈的政治經濟大亂鬥，從世界各國的國政到在地工廠的工作佇列，都會成為戰場。是啊，如果我們能化解，那再好不過，而我們也應該去嘗試；但阻礙我們進步的，莫非就是那些無聊、跟我們作對的細節？

理論適用這裡但不適用那裡

不管是理論、任何其他抽象公式或原理，都帶有無止盡的

焦慮：怎麼樣才能跟許多案例產生關係，又不致變得太模糊抽象而沒有作用，或被每種情況的限制條件困住而失去協調性。

席爾迪尼（Robert Cialdini）在 1984 年寫了《影響力：讓人乖乖聽話的說服術》（*Influence: The Psychology of Persuasion*），書裡有個原理很簡單、後來眾所皆知的概念：人類會受到別人的行為影響。我們傾向從眾，尤其是覺得不確定的時候，總指望別人提供線索，指出什麼東西才是對的、或是最好的。

席爾迪尼把這種反應稱為受到「影響力武器」擺布。書中提到一個如今已成經典的實驗：只要有一些人故意望著天空，路人也會照做。也許我們不需要理論就知道這件事，但我們真的用一套理論來說明，叫做社會認同理論。席爾迪尼取的章名叫「我們就是真理」（Truths are us）‡。

事實真的是這樣。這個理論（通常）行得通。社會認同是心理學裡一項底定的概念。每當你在旅館看到浴室卡片寫說，大多數人會重複使用毛巾以節省水資源，你就是面對著社會認同。旅館管理方覺得，與其單純請你配合，不如說服你照著別人的做法去做。席爾迪尼說，電視喜劇節目的笑聲是另一個例子。聽到別人在笑，你也會跟著笑（製作人希望如此）。

最近英國政府顧問嘗試說服更多人簽署登記死後器官捐贈，就是企圖應用社會認同理論的實際例子。[12] 只要理論充滿希望，政府往往都會當成救命稻草，如果理論與其他的政治理由一致，政府更是抓著不放。

---

‡ 編注：中文版的章名為「盲目的跟隨者」。

但行為洞察團隊（Behavioural Insight Team，又叫做「輕推單位」〔Nudge Unit〕）並沒有那麼做，這點相當明智。實際上，他們做了實驗測試，比較那些啟發自社會認同理論的訊息跟其他訊息，看看效果如何。

這項器官捐贈活動鎖定上網更新駕照的民眾。有三條訊息採納了社會認同原理，有些人看到的是其中一條，大致上是說：「有許多人都同意在死後捐贈器官，或許你也願意這麼做？」

其他人看到的則是不同的訊息，基本上是說：「敬請同意捐贈」或「既然你有一天可能也需要移植，那麼何不幫幫別人呢」。這項試驗持續五週，每條訊息都有超過十萬人看過。

但最佳方案並不是這三條社會認同訊息，而是一條基於單純互惠的敘述：「假如你需要器官移植，你會接受移植嗎？如果會的話，也請幫幫別人。」在這三條社會認同訊息中，有一條還附了照片（在過往研究裡，照片會增加回應），卻是他們試過全部八個變體裡最不成功的。

作家兼廣播員哈福德（Tim Harford）讓我注意到這個例子。哈福德有行為經濟學的背景，也對行為經濟學特別感興趣，[13] 當上述的失敗出現之後，他把社會認同理論在某些地方的成功描述為「令人不安」。他寫道：「在心理學中，社會認同這個構想廣獲眾人接受，不過就像捐贈者實驗所顯示的，它並不總是適用，而且也很難預測它何時、或為何適用。像這樣把有時很脆弱的心理學成果拼湊起來，雖然不大會推翻整個領域，但會讓制定實際政策的相關事宜變得複雜。」

我們怎麼知道要不要使用理論呢？理論會帶來幫助還是傷害？就行為洞察團隊來說，這些不確定性證實了實驗方法的價值。他們選取某個理論，把它變成試驗，然後看看會怎樣。如果它在某個特定情境下行得通，那很好。行得通，就繼續；如果行不通，就喊停。行為洞察團隊在器官捐贈者試驗檢討裡說，實驗方法至關重要：「因此，這些發現很重要，不僅讓我們瞭解人們參加〔捐贈者〕登記的動機，也告訴我們要如何測試來自行為科學的見解，進而改善其他領域的政策。」

實驗不見得總是合理，但只要實驗合理，在限定情境下進行的明確實驗能充分顯示出：理論要不在此時此地有效，要不就是無法推廣。不是擴展理論的效度，就是暴露理論的局限。不管哪樣，我們都學到了有用的東西。但我們得去探索。過程極為務實，而且無法預先做假設。

哈福德說，當前的挑戰是要精煉理論，「而不陷入一團亂糟糟的特殊案例之中」。我覺得這是所有理論的終極挑戰：既要精煉來應付愈來愈多的細節，也要維持一般的適應性。但兩者總有一個需要讓步，不是理論的協調性不足，就是理論在個案中使不上力。行為經濟學一大思想家塞勒（Richard Thaler）曾說：「如果你想要一個統合的經濟行為理論，沒有什麼比得過新古典模型，但它並不特別善於描述實際決策。」[14]

這是個討厭卻難免的取捨：[15] 統合，但往往不切實際；或是特定，也許在局部更有幫助，但既零碎又散亂。如果我們的世界很整齊，那就不會有任何矛盾；但這世界並不整齊，所以我們得接受兩邊都有局限。本書認為，這片東拼西湊的東西將

比我們所預期的更抗拒理論。

　　哈福德認為，實際問題在於要怎麼知道理論是否可用於下一個例子。簡短的說，我們不會知道。每當我們決定採用某個理論，那往往幾乎等於在下注，最好的狀況頂多就是有所根據而已。重點在於下注時，別忘了我們正在下注，我們的馬可能不會得名。我們不會因為把注下在某個理論上，就變成是在做硬科學。

　　理論飽受抨擊。但在斥責理論、說它太常跟實際問題無關之前，我們必須先知道一個狀況：我們常常別無選擇，只能依靠理論。我們得對事情如何發生的基本機制有些許的瞭解，在推廣到其他地方時才會更有把握。

　　而我們就是用理論來試著認出這些機制、解釋機制如何湊合起來導致事情發生。如果我們不知道嬰兒死亡率或犯罪率為什麼下降，那麼我們怎麼能希望它持續下去，或在別處再次發生呢？杜芙若和巴納吉的在地實用主義也是如此，他們的研究找出了一套機制，只不過那套機制很精細、很複雜。

　　事實上，在檢視問題之前，我們多半都已對問題提出某種理論，我們總要看看理論如何組合在一起、如何打造證據，以及如何能回答我們的提問。

　　舉例來說，需要先提出孟加拉家庭關係的理論，才能知道為什麼婆婆可能是關鍵因素。所以，無論我們有沒有意識到，探究的行為本身就是形塑自理論。即使我們打算完全拒絕一般理論，最終也會提出一大堆小尺度的局部理論來取代。這種看法的論點並不是要完全的反對抽象公式，只是開始憂慮這些抽

象公式是否真的有能耐，可以應付每天各式各樣的偶然事故。

讓我們回到內、外部效度的概念。內部效度是指知識在某個情境行得通，而外部效度是指知識能在多大程度上轉移到其他情境。在這個框架中，抽象公式也有一席之地，人稱「分析效度」（analytic validity）。如果某個抽象公式能應用在實際、真實的世界裡，那它就具有分析效度。事實證明，這個目標極為艱難：雖然有必要，但難以實現。

儘管我們試圖發現社會經濟世界的各種機制，但這個世界將祕密藏得很好，往往都藏在大量神祕細節的小小印跡裡。因此，理論和其他的一般原理往往不可靠，它們自相矛盾、飄忽不定、缺乏預測能力、根本不切實際，但我們別無選擇，還是只能追逐這些細節。

這些困難顯示，只有將理論與實用主義緊密結合，往往才能在最佳的情況裡找出答案。杜芙若也許會說，實用主義就是為了在地管路而設計。就她的論點來說，這意味著要無止境的對接資料、實際在現場做實驗（如果有可能）、假設因果、反思方法，全部都要用試誤法不斷重新檢視，但儘管我們付出努力，對接仍然會經常失敗。

總之，那並不表示社會科學家沒用（很多社會科學家真的非常有用），而是表示可實用的社會理論就跟難題的難一樣難。生活並不整齊，生活抗拒理論。我們就該如此期待。

第 6 章

大處不等於小處

機率的隱藏局限

我一直奉為圭臬的是，小事情才是最重要的。

── 福爾摩斯（柯南·道爾），《身分之謎》（*A Case of Identity*），1891 年

　　關於本書提到的論點，有一種回應是說，雖然秩序和規律有時候會失靈，但這是在打稻草人。我忽略了明顯的要點：規律有時候會失靈理所當然。我們的知識有很大一部分都不宣稱適合每個情況，而只宣稱是機率。

　　舉例來說，如果我們生病，那麼服用處方治療藥物並不保證會好轉，但總比什麼都不做更可能有幫助。即使我們的知識是機率式的，但仍是實在而實用的。

　　這並不能解答每種神祕變異。機率對於解釋大理石紋螯蝦的無形變異沒什麼幫助。但是，它可以解答某些情況，或者至少看似如此。

　　我們可能覺得機率經常可以做為解答，但我認為實情並不像我們所想的那樣。[1]事實上，即使我們擁有穩健的機率知識、即使我們對它有把握，我們在許多實務上仍然跟完全無知沒兩樣。

　　我並不是說機率從來都沒用。正好相反，我是個機率迷，強烈好奇機率所揭露各種規律的大小和影響。在某些情況下，我會搶先說，機率是我們所僅有的。但是，正是這種興趣令我主張，雖然某些機率真正有力，但我們誇大了其他許多機率的實務顯著性（practical significance），而且我們並不善於區分何者真的要緊、何者不然。

　　通常，我們都只輕輕帶過機率會讓我們多麼無知，也輕輕帶過機率所描述的效果會有多麼些微。我們從機率獲得的知識之所以比我們想當然的要少，理由是機率也有個雜亂的、隱藏的一半。

兩種尺度上的生活

為了看到機率隱藏的一半，我們需要考慮到尺度。

機率的知識衍生自同類事情的眾多重複例子。[2] 舉例來說，我們能靠探明眾多人中的疾病分布來確認風險（危害機率）。也許，我們發現，在其他條件不變的情況下，全人口中大吃培根而罹患結腸直腸癌的人數多於不吃培根。

機率就是我將稱作「大」知識的東西。我們在大尺度（也許是全人口）上看見機率，而在這個尺度上，我們可以確定機率是實在的。但是，我們馬上就開始在小尺度上為每個個體看待這個問題：培根會讓某人罹患結腸直腸癌，但那會是我嗎？於是，第一個議題是，就算在大尺度上對機率有把握，還是可以同時在小尺度上對同一件事一無所知。

好吧，當然你可能會說：機率就是用比例來看待一切。它告訴我們，我們任何一個人的風險有多大。

要是事情那麼簡單就好了。實務上，我們到處提的那種機率可能揭露、也可能遮蔽它們對你我的要緊程度。

想知道機率會怎麼騙人，就瞧瞧蘇珊娜（Susannah Mushatt Jones）的故事吧。蘇珊娜（1899 年 7 月 6 日～ 2016 年 5 月 12 日）出生在美國阿拉巴馬州。她曾經是全世界最年長的女性，活了將近 117 年。有那麼一刻，她還是十九世紀出生還健在的最後兩人之一。她經歷兩次世界大戰和大蕭條，而且很可能在邁入退休後觀看第一次登月（1969 年）。

她從來不菸不酒、藥吃得少、覺也睡得好，這些都不奇

怪。但是，她確實有著某些人士所謂的明顯生活惡習：她每天早餐都要來四條培根，看起來在其他時間偶爾也吃。

概括來說，像這樣的培根吃法會得到如下的健康忠告：不要這樣。根據世界衛生組織（WHO）的說法，吃培根跟吸菸一樣肯定會致癌。這並不是說兩者同等有害，而是說世衛有同等信心認為兩者都有害。想要增加長壽機會，最好不要每天吃四條培根。

這類風險的標準陳述方式是，每天吃三條培根會增加大約20% 罹患結腸直腸癌的機率。吃得愈多，相對風險就愈高。媒體（通常是引用研究）、政治人物和其他人通常就是這樣表述各種風險，聽起來好像我們已經把風險給量化了，而量化結果聽起來很糟。但是，我們真的已經量化風險了嗎？那對你我或任何個體有多糟呢？ 20% 對單一個人意味著什麼呢？

讓我們想像一下有兩組各 100 人。一組個個嗜食培根，天天都要多吃三條，幾乎跟蘇珊娜同級，稱為高風險組。另一組那 100 人則有較正常的胃口，稱為正常組。在正常組裡，通常會有大約 5 人罹患結腸直腸癌。在高風險組裡，則會上升到大約 6 人。而這 20%，就是我們提高的機率或增加的風險：20%到頭來是指每 100 人中多 1 人，而且還是假設了 100 人每天全都多吃大量培根的情況。

突然間，這種風險看起來就遠遠沒那麼嚇人了。而蘇珊娜會沒事也一點都不奇怪了。事實上我們很清楚，這世上那些像蘇珊娜的人要是在這方面出了事，那才很不尋常。所以，第一個要點就是，一旦你將一般、大尺度的真相化為真人數字，看

似有力的知識就會縮水，例如有一組人罹患結腸直腸癌的機率提高 20%。換個說法，正常組的 100 人中有 95 人沒事，而高風險組則有 94 人沒事。高風險和正常風險之間貌似巨大的機率差異開始聽起來更加微不足道⋯⋯在許多方面確實如此。

同樣的，在 2017 年有人報導說，布洛芬（ibuprofen）這種止痛藥可能會使心臟病發作風險提高 30%，我就花了點時間試著查明總共發生多少件心臟病發作，以便計算這個 30% 代表多少個真人或多少件心臟病發作。³ 這件事可不容易。原始的研究在許多方面都很棒，不過有助解讀這種機率知識的基本資料並未出現在新聞報導、新聞稿或研究論文本身，也不容易從其他來源取得。

從新聞標題看來，我們好像發現了什麼極其重要的東西；但在真人尺度上，我們真的發現了嗎？沒有人把這種機率知識弄得對真人確切有意義，我是說真的沒有人這麼做。⁴ 從這角度來看，這種資訊形同大叫一聲。

硬把原論文的有限資料（關於丹麥的心臟病發作病例）外推到全人口，可以得出一個非常粗略的數字，亦即每年每 800 名超過五十歲者會有 1 件心臟病發作。換算到原研究涵蓋的三十天期間，這相當於每三十天每近 10,000 人超過五十歲者會有 1 件心臟病發作。

然後，我們終於可以非常粗略的解讀，增加 30% 在更接近真人的尺度上是什麼意思。這意味著，依據此項數據，如果每名超過五十歲者都服用上述可疑止痛藥一個月，那麼心臟病發作件數將從每 10,000 人中 1 件上升到每 10,000 人中 1.3 件，

也就是大約每 32,000 人中多 1 件。

如果這推論正確,那麼在每 32,000 人超過五十歲者中,有 31,999 人並不會因為大家都從低風險移到高風險而改變。只要表示為簡單人數(或所謂的自然次數〔natural frequency〕),那麼本例中機率增加 30% 所造成的差別大概就是這樣。

雖然看到「上升 30%!」令人又懼又急,但機率知識這座華廈可以相當堅固,它不是用稻草蓋的,問題在於對我們大多數人來說,它會是用無關事項蓋的。

我們需要添加一些特定條件。年紀愈大,風險的基線就愈高,因此增加 30% 會造成更大差別。我要再次奉勸大家要注意建立可靠的基線數據。所以,假設相關風險是我們原先估計的整整兩倍。那麼,算出來的結果就是,大家統統服用止痛藥一個月會多出一件心臟病發作,大約 16,000 人中會有 1 人發生,而另外 15,999 人則不會受到變成高風險的影響。我們可能得考慮一下,擔憂的程度是否該像「上升 30%!」那樣。

這就通往機率的第二個要點:對我們的預測能力來說,機率意味著什麼。假如在大家都變成高風險的時候,要我們指認出誰會是 32,000 人中多出的那 1 人,甚至是 16,000 人中的那 1 人,顯然我們不會有半點線索,簡直是大海撈針。就連在培根的例子也是如此,而那可是 100 人中多 1 例結腸直腸癌的絕對風險。對於所有現為較高風險者中的那 1 例會是誰,我們的預測能力近乎是零。「高風險」行為通常都像這樣:幾乎影響不到任何人,比你以為的更難預測。

　　蘇珊娜就像我們在第一章遇到的百歲老菸槍溫妮一樣，兩者都不是培根或香菸對你有好處的證據，但這些例子確實顯示個人化預測還有很長的路要走。有些人會沒事，即使這世界都出狠招了，他們一樣沒事，而且還活得好好的。有些人就有事。通常，我們不曉得會是誰。

　　令人驚訝的是，原來我們這麼不善於知曉誰會、誰不會患病，即使人人都知道哪種事情會導致某項疾病。舉例來說，我們就知道哪些東西會導致心臟病。如同各類病況，心臟病也有已知的風險因素。雖然心臟病是人類一大殺手，但相關數字還是沒有你想像的那麼有用。

　　曾經好幾次有人嘗試創設心臟病風險分數（risk score），也有人對這些各式方法進行分析，但就像分析所結論的，「沒有什麼證據顯示這些風險分數能準確預測個人身上的高心血管疾病風險」，而「風險分數估計某群體平均風險的能力，可能也勝過任何預測哪些個體很快會生病的相應能力。」[5]

　　這種預測無力的範例就是，那些在未來幾年內罹患心臟病的人，甚至大多不屬於被認定為高風險的類別。再舉個例子，大多數唐氏症嬰兒的母親都不屬於高風險年齡組。

　　有部分理由是算術上的。大多數人都是低風險，但低風險不等於無風險。所以，在眾多人身上的低風險會比在少數人身上的高風險產生更多病例。結果就是，大多數生病的人原先可能都被預測沒事。

　　我們必須很清楚：這種預測無力只存在於神祕變異的個體世界。群體愈大，機率就愈明白可靠。如果我們取兩組各一百

萬人，就會看到高風險的狂吃培根組約有一萬個結腸直腸癌額外病例。在美國三億二千萬人口裡，這可能就意味著會有大量額外病例——要是有這麼多人每天都吃那麼多培根的話。

當然，上面都沒說我們該多嚴肅看待某項百分之一或萬分之一的風險。由於我們在此討論的其中一項機運是罹患結腸直腸癌的機運，所以要是有人說他會滿懷謝意去吃什錦麥片，也是合情合理。但是，如果這麼做，那是因為他在深度不確定狀態中對低機率產生畏懼，而完全不是因為他知道得很多。在本質上，這是把機率化為個人賭注。[6]

適合全部人而非某一人的療法

疾病如此，更驚人的是，療法亦然。對於你我來說，醫學的成功機率可能微弱得驚人。即使關於療法的機率知識可能在大尺度上很穩健，但問題還是再一次出現了。醫學是建立在長久以來的觀察、實驗、試誤。由於我們檢視的是一大群人的平均療效，所以對母體或群體來說，藥商必須證明藥物有某種充分益處，以便先說服主管機構發出許可證，再說服成千上萬醫師開出數以百萬計的藥物。

儘管如此，當你下次服用其中一種藥物（即使已經證明有效），有多大可能會使你好轉呢？醫師說：「試試這個，看看你會怎樣。」你早就知道你個人服用的藥物並不保證有效。如果沒什麼效，你就改試別的。但是，我們瞭解這種方式有多麼亂槍打鳥嗎？

在極端情況下，「藥物有效！」可能在群體中像鐵一般確定，但到了你我神祕多變的生活裡，往往要聽天由命。答案就是這樣。最矛盾的是：這些藥物可能有效，但對每個個體卻可能幾乎從來都不奏效。

我再提一次，之所以出現這種矛盾，是因為機率所描述的效果雖然在大尺度中明顯可見，但在絕大多數個案中卻可能無法呈現。在群體層次上 1/100 的效果可能像時鐘一樣可靠，在幾百又幾百個群體裡，每次都讓 1/100 的人得益。但是，這意味著絕大多數人，亦即每個群體裡 99/100 的人，都看不到任何效果，沒有人事先知道誰會是 99、誰會是 1。

醫學真的是這樣亂槍打鳥嗎？母體層次療效的確定性是怎麼轉化為對你我有效的機會呢？奇怪的是，並沒有什麼令人滿意的方法可以證明。這個問題起自於我們衡量藥物功效時通常是以群體為準，而不是以個體為準。[7] 然而，醫學界有時會採用一種驚人嘗試，企圖表達個體的不確定性程度，我們稍後會來談談是什麼東西使得它比看上去更不確定又不可靠。

圖 6 改編自《自然》上的圖片，展示的是「益一需治數」（Number-Needed-to-Treat, NNT），也就是我們需要用某種藥物治療多少人才能取得一次成功。[8] 在圖 6 裡，NNT 用來顯示美國前八大暢銷藥物對患者有沒有區別的頻率，灰色表示達到我們用來界定治療成功的門檻，黑色則表示沒有達到。根據我的經驗，大家看到這張圖，下巴都要掉下來。

很明顯，圖中幾乎沒什麼灰色（造成差別），卻有一大堆黑色（沒造成差別）。[9] 雖然你猜對了，這些藥物很可能在總

體上做了它們該做的事（亦即幫助人們），但在我們每個人神祕凌亂生活的情境裡，卻似乎往往什麼都沒做。

這些都不是什麼假藥，分別是用來治療氣喘、關節炎、高膽固醇和其他常見病症，而且統統經過評估，也都說服了主管機關。開這些藥的醫師一定多少對它們有信心。它們的正面效

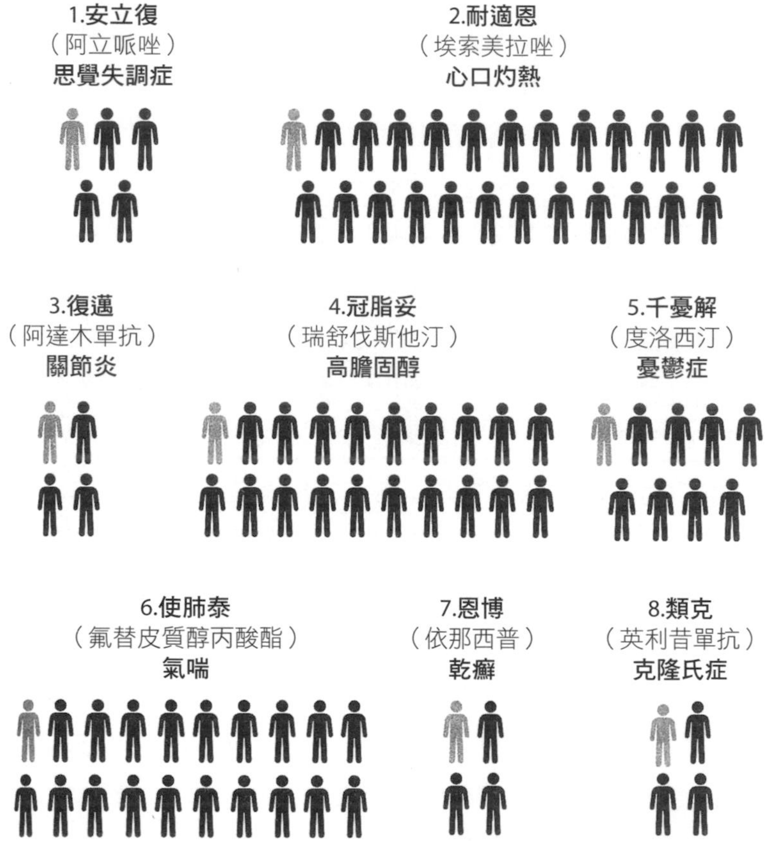

1.安立復
（阿立哌唑）
思覺失調症

2.耐適恩
（埃索美拉唑）
心口灼熱

3.復邁
（阿達木單抗）
關節炎

4.冠脂妥
（瑞舒伐斯他汀）
高膽固醇

5.千憂解
（度洛西汀）
憂鬱症

6.使肺泰
（氟替皮質醇丙酸酯）
氣喘

7.恩博
（依那西普）
乾癬

8.類克
（英利昔單抗）
克隆氏症

圖 6 美國暢銷藥物的「益一需治數」，原刊載於《自然》。每幫到一個人（灰色），美國收益前八高藥物就未能改善 3 至 24 人的病況（黑色）。

果可能都界定的非常明確，比方說把疾病發作期減半，或者甚至完全消除某種病況。大知識就在這兒。

然而，如果我們姑且相信圖6的資料，那麼當有四個人走進診療室，帶回關節炎用藥復邁（Humira）、乾癬用藥恩博（Enbrel）、或克隆氏症用藥類克（Remicade），通常其中三個人按照我們所界定的改善（稱為結果衡量），將不會看到明顯的正面效果。沒有人會事先知道誰是那幸運的四分之一，而這三種藥物顯然已是這些藥物裡最可靠有效的，所以這已經是最好的情況了。

至於其他藥物，勝算只會更差。最不可靠的藥物在96%的情況裡可能都無法產生預期的差別（治療心口灼熱的耐適恩〔Nexium〕）。也就是說，25人走進診療室，會有24人最終失望，沒人事先知道那個1會是誰，而且事後也不曉得到底是吃了藥有效，還是他們反正就是覺得好轉了。

根據本例這份資料，我們幾乎沒有能力預測實際上藥物何時真的會對任何個體發揮預期作用。如果你去查閱其他療法的NNT，可能會驚覺圖6許多數字其實比起來算很好了。NNT可能很大，甚至大到數以千計。[10]

有一種反應就是直接說：「哇，這些藥都沒效！」畢竟，要是你的車子發個25次只動1次，你可能就會說它沒用。而在上述圖片發表之後，一些醫界顯要人士就是那麼說的。他們認為NTT量化了個體的成功機會，然後發現那些機會小到都快沒有了。

但是，這也超乎我們（或他們）所知。當不確定性可以

用圖 6 那樣來描繪，就表示這些藥物可能正是那麼亂槍打鳥。事實上，雖然我們可能確知它們從機率來說在大尺度上是有效的，但還是不能確定它們何時或多常有效（或沒效），或者對誰有效，或者有多有效。

這些問題中最首要的是，我們甚至往往說不準藥物何時有效。這可用斯他汀類（statin）藥物來闡明，圖 6 中的冠脂妥就是這類藥物，靠降低膽固醇來預防心臟病發作和中風。根據這份數據，中度風險組要有 20 人服用斯他汀類藥物，才會有 1 人得益。這並不意味著它對其他 19 人都失靈，因為那 19 人大多本來就不會心臟病發作或中風，所以說它沒起作用並不大對。

我們並不知道藥物是否或何時起作用，因為我們並不知道它是否必要，而只有在必要的時候，它才有效。我們只知道，每 20 個本來可能會心臟病發作的人，有 1 個現在不會了。

就跟之前一樣，我們不曉得這個人是誰。所以，即使在事後，我們還是不知道是誰獲救，而誰本來就會沒事。正因為我們知道這約略就是兩組人之間的平均差異，我們才治療 20 人來救 1 人。換個說法，95% 的人本來不用多此一舉，但因為我們永遠不會知道他們是誰，所以多此一舉就成了無知狀態中的合理選擇。

至於其他藥物，那裡又有其他不確定性迷霧。當我們說某種藥物有益處，我們可以合理相信以平均而言這是真的，但不曉得這種益處如何分給不同患者。我們的意思是說，當我們把臨床試驗裡每位病患經歷的好好壞壞全都加總起來，最後的總

結數字充分優於接受安慰劑或其他療法的對照組。但是，這種總結的差距並不會告訴你益處如何因人而異。

再來，當我們說某種藥物有望造成差別，那對某人來說又有何差別呢？以心臟病發為例，死亡夠直觀了吧？死亡就是一種結果衡量，那麼相關療法可以加以預防嗎？至於緩解疼痛的藥物，我們衡量結果的方法就沒那麼明顯了。要衡量止痛藥治療頭痛成功不成功，通常是看頭痛是否在用藥兩小時後消失或減輕。但是，那意味著如果用藥使你的頭痛從十小時縮短到五小時，當中的確有差別，但主管機關可能會說沒有。

換句話說，人們對藥物有各式各樣的反應（包含不良反應），也有不同的反應速度、反應程度，或者完全沒反應。當我們衡量或報告藥物是否「起作用」時，根本就沒去呈現這種個體反應的變異性。

事實上，藥效更加不確定：疑問不僅在於這些藥對誰造成差別，又造成多大差別，也在於何時造成差別，即使是在同一個人身上。

請想像一下有個人叫裘莉。她服用了圖 6 其中一種藥物。她沒有感受到任何效果。這是否意味著裘莉是個不反應者（也許是因為她的基因）呢？不是的。至少我們沒辦法從這次不反應得知她是否是天生不反應者。我們只知道她這次沒反應。裘莉下一次可能會反應良好：也許是因為下一次她沒有其他會干擾的疾病讓她服用別種會干擾的藥物；也許是因為她沒那麼有壓力；也許是因為上一次她的醫師不知怎的搞砸了。換句話說，這次之所以沒起作用，可能是因為某個偶發細節，而未必

是因為裘莉本身有什麼根本而一貫的與眾不同。有種想法認為不反應必定表示天生就是不反應者，這在直覺上貌似合理，但有點過頭了。[11]

我們所能說的是，情況很雜亂，而這團亂多半都被遮蔽了。在藥物於母體層次起作用的大尺度機率知識背後，有個隱藏的一半充滿神祕變異。

病患是不規律的，而醫師也是。在診斷、干預和療效解讀上，專業人員的做法也是差異很大。既然變數有這麼多，我們往往就是不知道為什麼某件醫療個案會變成那個樣子。對於某位病患來說，真實因果關係有的很明顯（像是修補車禍造成的骨折），有的卻失落於複雜之中。

儘管如此，我們還是知道一些事：我們知道，平均而言，在幾萬或幾十萬的全人口裡，每 20 人中有 1 人將會得益。這裡的關鍵在於，平均知識往往就是我們所僅有的、我們所能著手的、我們通常所能發現的。但是，強大的平均知識在你身上可能很微弱。[12]

可以理解的是，有些人會對圖 6 使用的 NNT 喪失信心，因為 NNT 對潛在變異性若隱若揭。[13] 包括一些醫師在內的其他人則是想把 NNT 變成告知病患的標準方式。[14]

目前 NNT 往往更常用於比較成本分析。我認為 NNT 具有更廣泛的用途，只是有必要的但書：我們不能將 NTT 直接理解為某種藥物將會有何效果模式的確切指引。對於你、我或裘莉身上被盼望的因果效應，NNT 就只讓人模糊聞到潛在的不確定性。「讓人模糊聞到」聽起來不多，但我們也許只能做

到這樣。沒有什麼別的事物還會向我們透露。

像是治療不確定性這麼基本的事情，醫學並沒有令人滿意的方式可以表達，反而多半都用某種甚至更模糊的東西矇混過去，這樣的驚人事實顯示我們大多數人甚至沒意識到有問題。

我要再次奉勸各位，別把 NNT 當作可能成功的明確衡量，因為就連何謂成功也取決於選擇某個值得商榷的結果衡量或門檻，而《自然》上圖片的某些依據資料也有爭議。

我也要重提整體結論：大尺度知識在各方面往往都有太多不確定性，讓人難以得知是哪種因素造成哪種結果、效益在你我身上有多大。通常，想要更近一步弄清某種藥物會有什麼效果，唯一的方式就是試試看，但還是可能永遠搞不清楚。我們的思考很籠統，所以必須忍受經驗的難搞屬性。

你看到了，你又看不到了

這些問題意味著我們不僅不知道任何單一情況裡會發生什麼事，而且也不知道為什麼會發生。在某個層次上，也就是以總體來說，我們經常可以很有信心的指認某個原因。在另一個層次上，也就是以個體來說，我們可能完全陷於黑暗。

試想跟肺癌對賭的吸菸者。當大門打開，讓冷風吹得咳嗽這樣的偶發細節，竟然可以決定是否被癌症侵襲。這樣的境遇或許獨一無二，但沒有人知道，命運會靠著某種失落在生命神祕變異裡的決定性力量而如此轉向。不過，肺癌也可能、甚至幾乎總是由吸菸引起，這是毫無疑問的惡性致害規律。

從這點看來，我們似乎很有信心知道是什麼東西讓某件事變成那樣，但同時毫無頭緒，原因在同時間既清楚又模糊。這樣對嗎？可以既是神祕隱藏卻又很明顯嗎？

可以的。理由全關乎尺度。大處和小處的規則不同。兩者共存，但令許多人不解的是，兩者並不輕易跨界。結局就是，即使某種疾病的壓倒性原因在群體層次很清楚明白，但為何是某一個體而非另一個體罹病，還是存在著巨大的不確定性。

這會有個尷尬的後果。代表如果我們在錯的層次上尋找疾病的原因，就很容易會找不到。

想像一下，有個國家全國上下都吸菸，每一個人都吸，但我們還不知道吸菸會導致疾病。我們觀察到很多肺癌，並嘗試找出原因。我們搜遍人們的基因和生命歷程，想找出某人倖存而另一人不然的理由，然後很可能什麼也找不到。如果原因是一次咳嗽，那我們永遠都不會知道。

反倒如果我們忽略小尺度上個人之間的差異，只去比較這個全吸菸國跟某個不吸菸國的病例數，相關解釋也許就會迎面而來。在這個尺度上，有力的原因很清楚；在另一個尺度上，它卻消失不見了。

這裡違反直覺的是，我們以為只要拿兩個人對比，就能瞭解是什麼讓某一人生病而讓另一人健康。事實上，如果我們只研究「什麼人」之間的差異，就可能會遺漏最大的「為什麼」。反過來說，如果我們研究不同人口之間的差異「有多少？」，而忽視「是誰？」，我們也許就會發現重大影響變得清楚。這就像是無法見樹又見林。

英國流行病學家羅斯（Geoffrey Rose）在 1985 年寫了著名論文〈生病個體和生病人口〉（Sick Individuals and Sick Populations），文中寫道：「最難指認的原因就是那種普遍存在的，因為這樣的話，它對疾病的分布就毫無影響。」

簡單來說，群體之間之所以不同「與個體特徵無關」。大處不等於小處。

當「機率更大」比沒用還糟

特定事件（尤其是風險事件）的機率在任何情況下通常都很小，往往非常之小。過去會讓人早夭的事情大多已經大大減少。在英國，七歲兒童行人在路上喪命（這是經典的育兒噩夢）的機會如今還小於兩歲兒童被窗簾繩勒死的機會，也就是微乎其微。[15]

同樣的，大部分涉及「這個如何導致那個」的發現，像是「如果你做了 X，就會上升 30%！」，對你我勝算所造成的差別都比我們以為的要小，因為正如我們所見，它們可能只影響到好幾萬人中的一個人。

這種「小」往往被忽略。當機率的整個重點是要恰如其分看待事情，那就聽起來很奇怪了，不過這在統計學上叫做基本比率忽視（base-rate neglect，或稱基本比率謬誤），而且很常見。以下的例子就是天真的使用機率如何看似有益，但結果卻是真正有害。

試想你是個擔心失智症的六十五歲老人。你還沒有症狀，

可是這種疾病令人擔憂，而你想檢查看看。有一項檢驗可以篩檢，如果你有失智症的最初徵兆，做檢驗（很可能）會發現。所以，你要做檢驗嗎？

有些人不想知道。其他人則可能會推想，就算檢驗並不完美，而且可能會漏掉一些個案，但還是有機會可以發現，而這意味著他們可以有所準備、擬定計畫、告訴親友該作何預期，如此等等。[16]

那樣的直覺其實有問題，漏掉的陽性個案可能沒那麼多，反倒有很多健康者會被誤診為陽性。道理很簡單。六十五歲的失智症患者並不多（基本比率約為 6%），但篩檢卻統統都篩：每 100 人中有 6 位患者，以及 94 位非患者，而錯誤可以發生在他們任何人身上。

在撰寫本書的時候，現有的檢測準確到可以發現 6 位患者中的 4 位。但是，篩檢也會錯誤懷疑 94 位非患者中的 23 位。如果我們把 4 位真陽性加到 23 位偽陽性（別忘了我們不曉得哪個是哪個），那就是 100 人中有 27 人陽性，而這 27 人中有 23 人得到錯誤資訊。某家報紙曾報導，有位被診斷出失智症的女性賣掉房子搬進安養院，結果卻發現她原來沒事。[17]

之前有人強硬要求提供例行性失智症篩檢，就有醫生回應說「這不只是爛醫學，更是害人醫學……」。[18]「很可能正確」聽起來很誘人，但卻忽略大多數錯誤落在哪裡（落在健康的人身上），以及錯誤對健康的人有什麼意義（生活可能會天翻地覆）。

很低的基本比率，加上很些微的機率結果，會毀了我們的

好意。其他許多健康篩檢服務也有類似缺點，只是潛在的益處和害處在權衡上各不相同，害處包括為了他們從未真正得過的毛病而接受重大治療（乳癌篩檢導致本來就會沒事的人接受乳房切除術，這種事情可能、也確實發生過）。

「機率上可能」可以做什麼

大處和小處的牽連很廣，而且不好理解，不過並非全是壞的。從不同尺度去思考知識，甚至有助於釐清「原因」和「運氣」不分的情形。這種混淆既簡單又可怕。

要看到這一點，就回到我們的思想實驗：當某國全人口都吸菸。就全人口來說，致病原因很清楚，但在那之內，深深的不確定性又再一次等著每個個體，而且還會有一些人像溫妮，「幸運的」避開最壞情況。之所以會搞混所謂的「原因」和「運氣」，往往也不過就是這種尺度上的差別。在大尺度上，吸菸會導致癌症；在小尺度上，一次咳嗽就能讓人既吸菸卻又活過一百歲。

換句話說，除非也講明我們所談論的是哪個尺度，否則為了「運氣」和「原因」吵架往往沒什麼意義。有太多愛抬槓的人一聽到「運氣」或「原因」這些字眼，就把它們用作好像是所有尺度上的解釋。（「你看吧，這項研究說吸菸得癌症都怪運氣！」）這類主張並非在所有尺度上都有效。不是「都歸運氣」，也不是「都歸原因」，而是兩者都有。

第二件好消息是，我們在大尺度上確實知道些什麼。這意

味著在大尺度上、在群體層級上，有時候甚至是在全人口層級上，我們也能應對。政府可以對個體一無所知，卻仍知道如果吸菸者變少，罹癌者也會變少。所以，只要政府願意，是可以試著對此做些什麼。政府可以根據各式政策的各種機率加以應對，然後說：「雖然我們不曉得我們的政策將在何處起作用，但既然它們會在某處起作用，而且平均而言可以改善情況，那就有充分的理由」。[19]

但這裡有兩條必要警語。首先，我們的領導人不該假裝「運氣」不會在個體層級發揮影響。無論政府或其他人對於政策應該能發揮的功效有多少瞭解，神祕變異都可能讓政策在很大程度上是亂槍打鳥。

某項政策之所以會幫到這所學校而非那所學校、這個地方而非那個地方、這個人而非那個人，並不是因為後者做「錯」了什麼，而是因為何謂做「對」將會很微妙的因情境而異，以致我們可能永遠無法發現關鍵因素。這就是機率的本質，高層次的規律和低層次的雜亂可以並存。政府有可能會忍不住去怪罪，是個案造成他們自己所謂的失敗。當政府這麼做，往往就是在為他們的無知推卸責任。

其次，包括政府、公衛機關、媒體、學者、智庫，每個人都必須在真人尺度上將機率的實際大小表示清楚，好承認自身的機率知識有所局限。這是一個簡單而重要的步驟，有助我們判斷任何政府倡導的行動是否合乎比例。

舉例來說，某項花大錢把某種風險降低 30% 的政策也許花得值得、也許花得不值得。端視 30% 究竟是等於一百萬人

中的一人，還是更攸關於我們更多人。只要沒在真人尺度上明白呈現數據，都是對公眾理解的潛在詐欺。

在我十五年撰文和廣播談論公眾論證所涉數字的經驗裡，遇過最易犯的惡習就是做出關於機率或風險的「大」陳述，卻沒弄清楚那對你我來說有什麼意義。欠缺絕對數字、只偏好相對百分比的陳述讓他們顯得比實際上更有知：「如果我們做了X，就會變差 20%！」「那些屬於 Y 的人改善了 30%！」。這些陳述看似揭露了有力的效果，但其實我們從給出的資訊裡往往看不出效力或關聯。

我已經不再對此客氣了。這種習慣說好聽點是不夠細心，在最壞情況下則是欺騙或無能，而且它還難以根除。那些成為大頭條的機率（例如風險），往往結果是那種我們可以一輩子都不需要、經常直接忽視的「大」知識。

最近我遇到一個例子：某項後設分析表示，飲酒業沒有安全水準，大家都應該考慮戒酒。風險又再次歸結到機率問題。但這項研究違背期刊的刊登指引，它並沒有補上對於低飲酒水準的人來說，不安全代表什麼意思。

假設基本數據正確，那麼答案就是：每天喝一杯含酒精飲料的人中，每 10 萬人有 918 人會在一年內出現酒精相關健康問題，而不喝酒的則是每 10 萬人有 914 人出現問題。把這些數字換個表示方式：不喝酒的人每 10 萬人有 99,986 人沒事，而每天喝一杯的則是每 10 萬人有 99,982 人沒事。

有風險和「沒有風險」之間的差別很小。正如英國統計學家史匹格哈特爾（David Spiegelhalter）所說，開車並非沒有風險，

但沒人基於那些理由主張應該戒掉。他接著補充，仔細一想，「過生活也沒有安全水準，但沒有人會建議戒掉」。[20]

機率似乎讓人聯想到知識。但是，除非我們恰如其分看待它，認清它的局限，不然這種知識就是大話，走到極端還會造成傷害。

然而，如果我們正確區分微弱和強大的機率，就會得到真正的大獎。政府和其他機構可以更加明瞭他們能在哪裡發揮實質作用。機率可以開始在它們最適合的大尺度上做做份內事，並協助我們發現可能最想改變、持續較久的模式。

個人化醫學的時代來臨？

當我們切換到個體尺度，群體知識就化為無知，這個問題自然令人想問，在對付疾病和其他問題時，我們應該把努力聚焦在哪裡。我們應該瞄準大尺度、針對社會或群體層次，還是瞄準小尺度、針對個體呢？既然我們的知識有這麼多都是機率式的，而機率這種大尺度知識對個體沒什麼預測力，那麼還有多大可能可以瞄準小尺度呢？

在流行病學裡，這個問題有了真正的實務重要性。正如流行病學家羅克希爾（Beverly Rockhill）指出的，「現代流行病學的主流哲學是個體論」。這種觀念認為，一定要有某個原因來解釋每個人為什麼會生病。[21]

但是，當你也像我們在本書中一直努力在做的那樣，去思考這些個別原因可能包括些什麼、又會是多麼神祕多變，你

就會開始懷疑這種理想是否可以達到。羅克希爾也是這麼想：「哲學推理和經驗證據都顯示，這種探索可能不會像支持者所聲稱的那麼有成果。」她認為，個體論可能有害病因探索，也有礙防疾成效，「這是因為，大多數已確立的基因和環境風險因素對非傳染病的陽性預測值（positive predictive value）都太低，在數量上不足以對個體有說服力」。

在個體層次上我們能知道些什麼呢？這個問題尤其尖銳，因為目前大家都很興奮，我們就快走到個人化或精準醫學的地步；另一個誇張的說法是，我們即將更加瞭解幾乎一切。這種構想去到極致，就會讓人認為我們很快就能針對每位病患的精確個人特徵量身訂做療法，使藥物總是發揮最佳作用，甚至從病患的基因組得知他們將會罹患哪些疾病、怎樣治療最好。

我擔心這種討論會助長不切實際的期望。毫無疑問的是，已有一些驚人進展讓我們更能探索人類疾病的基礎，尤其在基因學方面。但是，有一些批評者想問，個人化醫學對個人的瞭解程度有多大，是否足以施予精確或個人化的治療。[22]

醫學知識在研究和實務上都深深依賴平均值和機率，是大尺度知識。有充分的理由說它離個人化還很遠。我可以預見會有一種更為「分層」的醫學，它對不同大類的病患更為敏感，例如針對老年人或年輕人去開立藥物。也就是說，我們可以把群體層次的知識精化到較小群體。但是，我們可以把它一路往下精化到一個人嗎？我很懷疑。

舉例來說，我也可以想像出一種更精細的癌症類型劃分，會依據罹癌類型來決定不同的療法。但是，廣義的「個人化」

遠超出我們現在所知、或很可能可知的範疇。就算我們知道每個人確切的基因型，還是必須記得大理石紋螯蝦的驚人變異（從相同的基因型到極其不同的表現型），並合理追問：知道每個人的個人基因型，究竟能在多大程度上幫助我們預測各人將發生什麼事、或將對治療有何反應？

我猜你看得出來，我的直覺就跟那些懷疑論者一樣，而且在測過整場爭論的風向之後，我會說精準或個人化醫學差不多是一份的許諾加上一份等量的炒作。如果我們談論時能將就於更適當的「較精準」醫學，而非「精準」或「個人化」醫學，我會覺得比較舒服。

這種局限令人沮喪，因為它讓人覺得，我們在某種程度上必須勉強接受機率，而機率雖有種種缺點，卻往往是我們最好的辦法。如此，我們就更應該適當的去使用機率。

要把群體和個體這兩個不同的尺度想成兩個不同但相容的世界，確實讓人難以接受。但把兩者混淆可能更糟。一旦知識換了層次，它就很容易失靈，還讓人傻傻的自以為懂。

在所有影響知識能否轉移的威脅當中，大處不等於小處是最頑強的。它表現得就像對抗人類秩序的最後防線，就像最終反抗行動。這表示即使我們確定知道某件事（當我們的知識很穩健，而且經過嚴謹測試，轉移跨過不同母體，也許還基於某個健全而協調的理論）的時候，我們還是可能同時在瞎猜。

第 7 章

大不等於清楚

簡單故事裡的隱藏複雜性

人生的唯一教訓：意外多到讓人有生之年不足以保持理智去承受。

—— 品瓊（Thomas Pynchon），《V.》，1963 年

　　簡單的因果讓這個世界變得更容易理解（「會胖都是因為糖！」）。簡單的因果也更容易向別人解釋或推銷（「糖很糟糕」）。所以這些簡約往往也讓人覺得更容易管控（「對糖課稅！」）。不難想見為什麼有些人會喜歡它們了。身為新聞工作者，我經常當上幫兇，協助推廣各種宣稱原因和解方都很清楚的主張，讓那些大人物對著我的麥克風說：「這全都因為……」。

　　每當事件愈大，大到能上頭條，宣稱背後有個簡單原因的主張就愈大聲。這些個案涉及更多利害關係。舉個真實例子來說，如果某個國家全國未成年懷孕率突然掉了一半，那麼任何對性、道德、政府和父母角色等等有點看法的人都會忍不住想要找出某種清楚教訓。

　　但是，那些最大的事物卻有著種種的理由，可能幾乎無法告訴我們任何清楚的東西。這就導向一個驚人結論，以商界來說，就是那些最大的成功往往可能最不具有教育意義。在本章中，我們將檢視一些似乎帶來某種清楚解釋的大改變，然後提出相反的命題：那些大改變同樣有可能引出一團易變、未定的多重隱藏影響。

同一證據，各自解讀

　　2011 年，日本福島核電廠在地震和海嘯後發生熔毀，是自從 1986 年車諾比以來最大的核事故。大約有十四萬人撤離周圍地區。這是日本第一場核災。

反應來得很快。日本原本重度依賴核能，這下子日本所有反應爐全關閉待檢。國際原子能總署（IAEA）署長天野之彌表示，福島事故「造成世界大眾深感不安，損害大家對核能的信心」。舉例來說，德國就宣布加速關閉國內全部核電產能。福島事故調查人員隨後發現相關風險一直都被低估。[1]

幾年後，到了 2015 年，日本重啟第一座反應爐。其他反應爐很快也接著重啟。我訪談了一些當時服務於業界或活躍於核能政治的人。有兩種觀點特別突出。一種是，福島正是核能本來就可能致災的終極證據，因為即使車諾比事故都過去好些年了，核能產業卻依舊威脅著成千上萬的生命。另一種觀點正好相反：福島就是核能已經變得極其安全的清楚證據。福島電廠被海嘯襲擊，也和全日本的反應爐一樣都度過地震，可是依然無人直接因此死亡。[2]

我把第二種論點轉述給某位第一種論點的支持者。她聽了嗤之以鼻。我無意做評判，而你可以自己選邊站，但最先讓我驚訝的是，雙方（這是他們說的）都完全堅信現在壓倒性支持他們的確鑿證據，而雙方的絕對結論性證據竟然是同樣的單一事件：福島核熔毀。

再來讓我驚訝的是，各方都選擇同一種論證形式來證明自己有理：他們都用數字語言來談風險，好像風險是客觀決定因素。爭論的範圍就跟堅定的結論一樣窄。一切似乎都很簡單。

但是，這些信念和論證習慣卻隱藏了絕大部分的動機。之所以人人都能宣稱有理，真正的原因遠遠更廣，因為各方和各種反應都帶入了複雜的推理、經驗和情感，來解讀這個證據。

舉例來說，某位歷史學家就告訴我，德國之所以會有那種反應，因素之一就是被 1943 年左右到 1945 年總體戰搞垮的經驗，以及由此而來對冷戰核毀滅威脅陰影的態度。這導致德國人民看到核能就聯想到核武，深感恐懼和懷疑。福島證實了他們的擔憂。

越過德法邊界，戰爭的經驗和記憶又不一樣了，另一位受訪者告訴我，那是在德國占領之下的無力感。那在某程度上使得法國認為核能可以成就並表現獨立和民族氣概。福島事故在法國引發一些陳腔濫調的政治言論，然後一切如常。

我沒辦法說這些描述有多準確。重點在於，一個大事件並不是孤立存在的，當然也不能化約成數字上的計算。當中的意義有一大部分都隱藏在我們每個人身上那一團糾結、因境而異的聯想，包括歷史、國族認同、對科技的希望或恐懼，如此等等。這意味著事件愈大就可能會有愈多聯想，而事件的意涵也更可能（而非更不可能）具有爭論空間。所以在其他人看來，我們用這一大件證據所建造的任何華廈也就更可能顯得荒謬。

這一切都不令人意外。人們的動機、經驗和判斷很複雜，但是，這些複雜往往都被隱藏或埋藏起來。而在這個個案中，這些複雜正是藏在貌似真誠的信念底下，讓人以為從資料中挑選幾個數據就可以下結論：一方說「十四萬人被撤離」，另一方說「無人喪生」。量化風險的語言、隨之而來的簡明結論，以及由此產生的蔑視對方，這些在我看來很大程度上都是規避複雜性。

然而，簡單的解方並不存在。問題在於，如果我們把一切

複雜都攤開來，假設我們充分自覺到知道那都是些什麼的話，
又要如何解決爭論呢？我們會無限延長每場爭執。所以，我們
簡化、假裝、並含混得出種種從來沒被完全理解的結論。大新
聞的決定性證據就是這樣。

青春兩條線

要在大事件裡尋個明白的難度不僅於此。大事件之所以爭
議多，是因為大事件往往在因果上也是錯綜複雜。誠然，情況
並非總是如此。偶爾會出現原因似乎真的很簡單的大事件。德
國機車竊案驟減連結到安全帽法規（第 5 章）可能算是一例。
但在本質上，並沒有理由去期望原因很簡單或清楚。這是因為
大事件通常需要許多因素彼此串連，才能一開始就夠大。

跟大多數人的期望相反，我覺得在這些由多重原因和影響
共同作用的情況下，能學到的教訓就是：往往沒有任何教訓。

看看英國未成年懷孕率下降的例子。簡直太驚人了。比率
一度高於歐洲鄰國，怎麼改革努力都沒有用。二十年前，每千
名青少女約有四十五人懷孕。如你所料，比率略有波動，也許
在 2000 年代初期稍微趨向下行，但問題的規模依舊是國恥。

並非每件未成年懷孕都是憾事，不過有太多案例都是不想
要的，後果不是終止妊娠，就是前景慘淡和虛度光陰。在公車
站喝了一瓶便宜蘋果酒就醉後懷孕，這故事雖然老掉牙，卻也
不完全是虛構。

接著，就在大約 2008 年到 2016 年這僅僅八年裡，出現了

巨大變化：未成年懷孕率幾乎減半。[3] 整條數據線莫名其妙往下走，就好像你某天早上醒來，然後那年就有二萬名懷孕青少女不再像上一個十年那樣出現。總共大概有六萬件從八年間的數據中消失，懷孕件數就是少這麼多。

社會行為轉變的過程往往既漫長又緩慢，未成年懷孕率下降是我在三十多年新聞工作裡所記得其中一項最突然的變化。整件事並未吸引到應有的媒體關注。簡單來說，事情又大又突然。這令人忍不住去追尋原因（以及某種教訓）。以下就是那場追尋的故事。

數據下降的時間約略對得上當時工黨政府的未成年懷孕對策，所以有人宣稱說是他們的成功。但把那宣稱稍微扒開，就發現它不能完全令人信服。問題是，其他別的也都不能。

我花了好幾個月閱讀、思考和訪談，試著理解這項非比尋常的行為變遷。這在某些方面上是在自找苦吃；但在其他方面上，卻讓人驚奇體驗到，對答案的期望，再加上堅定的意見和大量的資料，怎麼還是沒能產出答案。

首先，在 1998、1999 年左右，政府的對策是強調性教育，這在當時有點爭議。而未成年懷孕的大幅下降則是在大約八年後的 2007、2008 年突然開始。中間沒發生什麼事。這個對策的支持者說，它需要時間積累，而且也經過調校，才正好在相關數字開始急劇下降的時候開始見效。或許吧，但那想必是個極其有力又精準的調校吧。

但是，關於各國性教育的後設分析發現，這項要素本身似乎並未造成多大差別。[4] 這項後設分析出自考科藍合作組織

（Cochrane Collaboration）中的一組團隊，成員都是可敬的研究者。然而，考科藍另一組研究團隊的後設分析發現，性教育和避孕用品推廣的結合似乎確實造成差別。[5] 所以，也許兩樣都需要，而不是只要一樣。或許兩樣都要對，兩樣的結合也要對。

這很難確定。尤其是因為不少其他國家也有未成年懷孕率大幅下降的現象，而這些國家並非都有像英國的對策。已經有人努力試著證明英國的下降率快於其他國家。或許吧，但英國的起點也高於大多數國家。

也許不是一般的避孕法，而是某種特殊的避孕法（無論有沒有性教育）。在 2000 年代初期到中期，易貝儂（Implanon）之 類 的 長 效 可 逆 避 孕 用 品（long-acting reversible contraceptives, LARC）開始普遍可得。這些產品在植入手臂後會緩慢釋出合成黃體素，對最可能進行無避孕措施性行為的群體特別有用，因為它們可以持續數年，不需要每天記得。全國長效可逆避孕用品用量的迅速上升大約落在關鍵時點上。我訪談過一位醫師，她相信長效可逆避孕用品就是答案。她熱切的講述這對她那些年輕病人的生活造成怎樣的差別。

但接著我又訪談了另一項研究的學術作者，那項研究是在地方層級尋找未成年懷孕下降、推廣或使用長效可逆避孕用品兩者之間的關係，看看彼此是否可以合理聯繫。他說或許可以，但程度不大。不過，研究使用的地方層級數字顯得有點太小就是了。他更傾向其他解釋：主要是學年數增加（這部分平均而言確實上升了一點），還有就是出現更多擁有不同行為規範的移民社群。[6]

逐漸變大的蜘蛛網

留在學校更久很可能是一項因素,雖然這在某程度上只會把問題往回推到為什麼大家想留得更久。[7]那必然是很複雜的,牽涉到一種可能未來和另一種可能未來的取捨,一邊受就業市場、失業補助率影響,另一邊受獲得學位或其他資格的容易程度影響,還要考慮所有跟那些選擇有關的生活型態期望、機會或成本。

潛在原因的網絡逐漸擴大。查閱可能跟未成年懷孕相關的其他趨勢,也有跡象顯示這些年裡青少年的態度正在轉變,轉往少喝酒、少吸毒、或許是全面少冒險。這跟依據媒體報導而得的推論並不相同,但現有的各項調查都指出這類行為都趨向下行。這具有決定性嗎?風險迴避就是讓人轉而決定繼續上學的背景因素嗎?或許吧。不過,如果根本原因會造成價值或偏好轉向,也就會引出另一個問題:造成價值或偏好轉向的根本原因到底是什麼呢?

有些理論認為是社交媒體造成的,聽起來十分誘人。青少年不去公車站尋刺激,而是沉迷智慧型手機或臉書?那有助於解釋未成年懷孕下降嗎?或許吧。既然,正如我們所聽到的,未成年懷孕下降在某程度上是種國際現象,那麼像社交媒體增長這樣的國際解釋也許說得通。3G iPhone 確實迅速普及,在 2008 年打入英國市場,臉書也在大約相同時間來臨,正好是我們的相關時點。

然而,這種解釋就意味著社交媒體會減少青少年性行為,

進而影響未成年懷孕的數量。這種機制說得過去，只是關於青少年性行為的既有資料十分複雜。

英國的「全國性態度與生活習慣調查報告」（National Survey of Sexual Attitudes and Lifestyles, Natsal）是世界上關於性行為最大、最詳盡的科學研究之一，至今做過三次調查，最近一次是在 2010 年至 2012 年。雖然似乎有相當清楚的跡象顯示較高年齡組受訪者回報的性行為少於前兩次調查，但調查的主要作者告訴我，該調查對青少年性行為的總量趨勢不具結論性。[8]

美國青少年性活動是否下降也有爭議。有些人說下降了。但是，「全國家庭成長」（National Survey of Family Growth）這項調查[9]卻從一個不大但相當典型的樣本數發現：性活動在相關年間並無顯著變化。

也許將來我們會觀察到更清楚的趨勢，但如果性活動沒有降低，我們就不能說是社交媒體使性活動減少。即使性活動真的降低，我們可能也不確定社交媒體就是正確解釋。然而，即使青少年像以往那麼常發生性行為，但或許他們更懂得採取避孕措施，而且也許社交媒體和網路都有關。也許吧。

最奇怪的是，某家懷孕諮詢服務處的受訪女性告訴我，未成年懷孕開始招致更多汙名，而她並不想汙名化這些懷孕、已經夠煩惱的年輕女生。

但是，是巧合嗎？在 2000 年代中期，英國正好有一部電視喜劇叫做《大英國小人物》（*Little Britain*），劇中的薇琪（Vicky Pollard）是個連珠炮般吵吵嚷嚷、藉口一堆的十幾歲魯莽小媽媽，孩子都不知道生了多少個，其中一個還被她拿去換

了一張男團西城男孩（Westlife）的唱片。2005 年，《大英國小人物》在英國擁有驚人的九百萬觀眾。這也許正好對得上時間。薇琪就是造成英國懷孕率驟降的異常無形變數嗎？

當然，要是真的有一種薇琪效應，那麼我們又會想要觀察其他未成年懷孕率同樣驟降的國家，看看媒體汙名是否也在當地發揮作用。在美國，《時代》雜誌一篇報導推測，《少女媽媽》（Teen Mom）這樣的電視實境秀「也可能發揮自成一格的生育控制」。或者，也許都是電影《鴻孕當頭》（Juno）講述了一名年輕女孩懷孕並把寶寶送人領養的故事，而且你相信嗎，這部意外強片在 2007 年上映，跟我們的時點差不多。

然而，到此我開始懷疑自己是否犯了確認偏誤，在尋找零碎證據來支持先前信念。或許薇琪也不是價值改變原因，而是反映。或許薇琪只是眾多無形變數之一嗎？或者，也許真正的原因完全是別的東西，只是我們遺漏了。

也許，一旦行為開始變化，那麼變化在往後幾年持續的原因是，青少年沒那麼多懷孕青少女的榜樣可以仿效，所以變化的動能變得足以自力實現。在這種情況下，也許未成年懷孕下降在某程度上就是自己本身的原因，這幾乎就像某種時尚的流行或消退，端視你怎麼看。

彼此支撐的蜘蛛絲

簡單來說，有很多事在發生。也許變化之所以這麼大，是因為有很多事都出了力。有人會忍不住說，上述所有因素可以

累加；拿走一項，整體懷孕下降的大部分仍會發生。

但也有可能是，諸如此類的影響更像圓凳的三條腿，只要拿走一條，整張圓凳就垮了。科學哲學家卡特賴特說，「原因以團隊運作」。這個主張是說，如果當初相關原因有一些不見了，那麼剩下的「種種原因」很可能就會停止造成任何事情。

卡特賴特為我們描繪了一個充滿因果錯綜和極端精巧的社會世界。想把它拆開來理解，就像試圖拆散一張蜘蛛網。每根蜘蛛絲都支撐著其他每一根。整體的任何部分被改變都有可能讓其他部分不再以同樣方式運作。[10]

卡特賴特寫道：「被標舉為原因的東西（對你來說指的是你的政策）很少單憑自己就足以對相關效應產生貢獻。它需要團隊支持。如果哪個必要團隊成員缺席，政策將不會做出任何貢獻。這就像是試著做煎餅卻沒放發粉。」[11]（她指的是蓬鬆的美式煎餅。英國讀者會知道英國煎餅不用發粉，但瞭解意思就好。）

她強調她所謂「支持因素」的影響，在一次訪談中搖頭告誡我說：「無論你想引起什麼特定的社會變化，那都會非常、非常複雜。」至於我們能否指出有那麼一件事導致未成年懷孕下降，她說：「這是不可能的，我想幾乎總是不可能的，因為沒有任何像是『唯一原因』這樣的東西。情況不太可能是你可以移除一項因素，然後其他一切都會照原樣運作，而是這條原因路徑會被堵住，結果不會發生。」

到頭來，是什麼造成青少年性行為有這麼大的變化呢？答案就是我們說不準。我們不知道。事情也許又大又突然，但並

不清楚。每種用來嘗試追查的方法（從對數迴歸到後設分析和個人經驗）都有潛在的缺陷。每件證據都被其他證據給限制或反對，不然就是引出其他問題。

這是個警示故事，體現了尋找唯一原因的危險。首先，這讓我們分心忘了交互作用問題，而交互作用可能極為複雜和不穩定。其次，將某個單一原因提升到高於其他原因時，因為某個單一原因看起來會比一團雜亂結合更容易重現或維持，我們很可能會高估自己的掌控力。

談到實際政策，卡特賴特告訴我：「請兩邊下注。我預期我們很多社會政策，無論多麼精心擬定、無論多麼立意良善，都還是會失敗。那並不意味著我們不該試著解決問題，也不意味著嘗試解決不會勝過放任事情自然變化。但你應該準備好面對失敗。」她還寫道：

> 建立普遍主張需要大量的來來回回：交織綜合了概念發展、大小理論、觀察、實驗、分析、模擬、推理、對立評估和嚴格測試。一項可信的普遍主張將依靠種種交雜的支撐。

總體來說，關於理解劇烈變化如何產生，我們從英國未成年懷孕故事學到些什麼呢？首先，即使變化既巨大又突然，仍然難以在社會脈絡中定出因果關係。事實上，特別是當變化很巨大的時候，最難定出的可能正是因果關係。那些最大的事件必然不尋常。

　　不尋常的事情往往產生自許多境況的彼此串連或交互作用，所以它們才這麼大，使它們在本質上更難理解。然而，這並不代表我們沒有盡可能合理的研究它們：在一個充滿神祕影響的世界裡，研究嚴謹性並不等於一錘敲定。最好的答案也許是沒有答案。

　　此外，如果只需要讓這些影響的任何一項在另一個情境裡變得不一樣，就會破壞整個效果（整張圓凳垮掉），那麼最不可能加以重現的就是那些大事件。儘管人們抱著許多期望，但這裡能讓我們汲取的有用知識可能很有限。我們只能繼續向前邁進。12

　　第二點是，無論是不管如此或正因如此，我們一樣可以發現，大家仍然渴望一項大解釋。這很正常。一件受偏愛的大事情、一粒靈丹妙藥，擁有很多優點；它更好推銷、描述、理解、付諸實踐。但是，我們挑選的事情會不會自行轉移到另一個情境，那是另一個問題了。靈丹妙藥行得通一次已很難得，兩次更不用說。

　　我們不必硬去堅稱，沒有哪件單一大事曾經轉移、或將再次轉移。再次說明，關鍵在於這個論點有兩半；有時我們知道，有時我們不知道。但是，哪一半更誘人呢？是宣告我們知道些什麼，以及我們知道如何改變周遭世界的簡明答案，還是我們不能肯定宣告任何事情時的神祕答案呢？

　　在我看來，我們對前者不缺信心，但這世界本身將會經常悄悄的、狡猾的提供後者，並且笑看我們宣稱找到一片關鍵拼圖。

當大事情不存在

在企業界，有個很突出的成功案例經過五十多年到現在還找不到明確原因（並不是因為沒人在找）。這個案例就是本田公司在 1960 年代初離奇打進美國機車市場的故事。當時本田機車在亞洲大賣，但在美國則否，美國當地是由哈雷等老牌子稱霸市場。

本田在 1959 年進軍美國，但不夠認真，幾乎沒費心。銷售團隊幾乎沒有行銷預算。那時的負責人川島喜八郎說：「沒有什麼策略，只想看看我們能不能在美國賣點什麼。」他們對成功並沒有很大期望。

經過一小段跌跌撞撞的開始，銷售竟然一飛衝天。眨眼間本田產品就從零到無敵。到了 1965 年，在美國售出的機車，每兩部就有一部是本田。

關於這是怎麼發生的，爭論持續至今。是他們在策略上應變得宜，迅速從希望用大型重機分食既有市場的規畫，轉為用小型機車協助開創全新市場呢？還是當本田員工騎著小型機車到處兜轉的時候被人看到，意外導致某家零售商聯繫本田懇求代售呢？是行銷傑作「你會在本田上遇到最好的人」（You meet the nicest people on a Honda，據說是某個實習人員的點子）嗎？是本田能夠迅速將大量資源投入行動嗎？是這些事情的全部呢，還是每一件事情的一部分呢，或者統統都不是呢？

本田在美國的故事是很著名的商業個案研究。它至少應該可以給我們一些啟示。如果你得盯著看幾十年去指認一大商業

奇蹟的原因，那麼也許根本沒有原因。也許那裡有的只是幾十個小影響和合適境況的獨特結合，其中一個個都有神祕變異而具體的細節。本田在美國取得突破的確切條件不大可能重現，所以這項成功豐碑可以讓我們確切看見，沒有什麼事情能做為未來行動的模範。經濟學家凱伊說：「真正的故事並不存在，也沒必要爭論它會是什麼樣子。」

本田的案例特別難以捉摸和參考嗎？是的，那些突出的例子通常什麼東西都不會告訴我們。為了領會這點，首先要注意的是：有大量研究在討論一般所謂「運氣」在企業成功裡的角色，而且其中往往懷疑是別種解釋。正如華威商學院的劉正威（Chengwei Liu）和劍橋的德龍（Mark De Rond）在一項關於這類研究的調查中所說的：

> 雖然都盡了力，但個人和組織都會發現，很難預測其舉措的後果。當我們假設一切都出於善意，還能怎麼交代那些經常登上通俗報刊頭條的失敗公司呢？即使憑藉後見之明，那些研究各組織的人也會發現，很難為其成功提供穩健而全面的解釋。

如果強調「運氣」讓你懷疑企業領袖憑什麼拿高薪，那麼你並不孤單。績效與能力的關係是管理科學最受爭議的問題之一。但是，同樣的道理，你也該懷疑，如果事情出了大錯，企業領袖是否應該承受這麼多責怪。

我沒打算在這裡解決整個爭論。但是，只要承認企業成功

裡經常會有一些神祕因素，就很容易指出這些因素在更大的成功裡可能更為重要。首先是因為，初步的小成功往往會因著「富者愈富」的動態讓你踏上通往大成功的道路：舉例來說，第一個獲得新市場利基的人就處於能進一步開拓的有利位置。因此，最小的境遇可以化為很大的優勢。其次是因為，非凡的成功往往需要非凡的境遇。

境遇影響力的經典案例就是比爾‧蓋茲（Bill Gates），要不是他家門有幸父母夠有錢，讓他成為人口 0.01% 可以用電腦的人；或者要不是他母親認識 IBM 首席執行官、促成一份鎖定微軟優勢的合約；又或是（視你讀的故事版本而定）IBM 當天打電話給另一家有望為 IBM 提供作業系統的公司時，老闆接到了……如此等等，那麼比爾‧蓋茲很可能就不會那麼成功。

華威商學院的鄧瑞爾（Jerker Denrell）說：「極端表現吸引人們注意。」他還說：「極端表現會顯示該表現容易接收到特別高水準的雜訊。」[13] 如果他說得對，那麼大成功就最不可能會有清楚的故事（像是領袖的才智），更不用說會有可以轉移的故事了。

被困住的狐狸

2016 年，萊斯特城足球俱樂部（綽號「狐狸」）意外成為英格蘭超級聯賽冠軍。那是個輝煌賽季；全城欣喜若狂，而整個足球界也都驚嘆冷門奪冠。俱樂部過去從沒見過這樣的成

功。那年賽季初還能找到 5,000 比 1 的賠率。

按照哲學家伯林（Isaiah Berlin）的著名說法，狐狸知道很多小事，不像刺蝟只知道一件大事。所以，萊斯特城足球俱樂部是怎麼辦到的呢？恰巧這裡好像也不是一件大事。當時眾所公認他們成功的一大關鍵因素、最大的英雄就是受人喜愛的教練拉涅利（Claudio Ranieri）。只不過，球迷都知道，下個賽季開始沒多久，一連串劣績就讓他被開除了。

所以，當他在幾個月內從常勝變常敗而被迫離開，因果關係的規律在哪裡呢？如果是在於球員，那麼他們在新賽季一開始都還在他身邊。拉涅利被換掉以後，萊斯特城的狀態有所改善，不過也比不上之前的榮耀了。

拉涅利看起來是個謙遜的實力派，卻很不幸的演示了，領導作為可以如何既顯得大大成功又顯得大大失敗；原因遠遠超出他的能力。我們就是很難相信，一個那麼棒的人能在短短幾個月內變得那麼爛，或者一個那麼爛的人曾經那麼棒。

有些人說「他的能力大不如前了」。但也許他從未有過那麼強大的能力。也許，他的球隊之所以贏得精采，並不是因為任何單一大原因（也就是他），而是一千個和他相樺接的小原因，其中包括種種神祕的無形因素，像是起初不高的期望、轉變中的關係和態度、隊內演變中的友情或敵意、其他各隊怎麼看待這支暴起球隊（他們後來都調整了打法）如此等等。就連季中放假去杜拜也被指為其中一項因素。所有的事就這麼凝聚起來了……一次。然後就沒有了。

拉涅利值得讚揚。但我猜那並不至於使他的成功能很可

靠的跟他一起轉移到另一家俱樂部，畢竟在同一家俱樂部中，他的成功都不能稍微轉移到另一個賽季。整件大事並不是一件事。一整團原因垮了，只因為少了……少了什麼？我們永遠都不會知道。理由在於，雖然他本人很容易觀察，而他的故事也很容易講，但整個圍繞並連結他的故事卻有一半是我們沒那麼容易觀察的。

企業界喜歡非凡成功的案例。望向那些最大的，查明它們做了什麼，從中學習，然後照做。這全都聽起來很合理。那種吸引力的明證就是「發跡」自傳的銷量。那些書的作者說：「無論我做了什麼，那都會對你行得通。」

萊斯特城或本田的經驗則支持劉正威、德龍、鄧瑞爾等人的發現：無論我做了什麼大事，那都可能對你行不通，甚至對我下次嘗試也行不通，或者對誰都行不通，因為它從來都不是一件事，而是意外連接其他許多事的一件事。它是由自身的種種神祕境況所構成，而那些最大的事件往往如此。

第 8 章

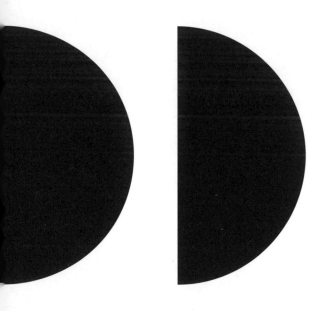

無知的雞

談談忽視隱藏那一半

雖然每個人都深知自己容易出錯，卻鮮少有人覺得有
必要對自身的易錯性採取任何防範。

—— 彌爾（John Stuart Mill），《論自由》，1859 年

　　從前從前有一個農夫和一隻雞。農夫每天都進農場餵雞。所以，雞每天都期盼農夫到來。直到耶誕節前的某一天，農夫扭斷雞的脖子。

　　這個農夫與雞的故事出自於一個多世紀前寫成的《哲學問題》（*Problems of Philosophy*），作者是羅素（Bertrand Russell）。他說，由此可見，「光是看到某件事發生過一定次數，就會造成動物和人類預期它會再發生」。[1]

　　羅素憐憫那隻雞——至少是憐憫牠的智識困境。儘管如此，羅素還是暗指牠很蠢。然而，雖然那隻雞確實是忠於習慣的動物，只因之前總是被餵，就在宿命之日也期待被餵。但是，那真的有這麼糟嗎？

　　我們可以為那隻雞的好判斷提出理由。哲學家卡特賴特開玩笑說，只要對雞隻現身農場和被餵之間的關係做隨機對照試驗（在夏季進行），就會支持那隻雞的信念。

　　不管怎樣，期待生活有點規律有什麼錯嗎？這似乎不算要求太多。事實上，很難想像我們少了規律要怎麼做事。試想一下，沒有任何東西具有一致性的情況：如果你的工作過夜就變，而且每夜都變；如果沒有任何警訊，朋友就變成敵人；如果你通常睡的床突然不再屬於你；如果會不會被逮捕是用抽籤決定的。那麼生活就不過是一片繁盛嘈雜的混亂，另一位哲學家詹姆士這麼說。

　　昨日所認識的世界會因某種規則、力量、或習慣在今日繼續下去，這種想法似乎遠遠沒那麼荒謬。對於要發生的事物來說，一切證據的起點就是過去事物的「單純事實」（套用羅素

的叫法）。我們能肯定的是，沒有什麼證據來自未來。

從相信餵我的女人不會害死我，到因為知道吃東西可以止飢而吃，到因為車子沒油不能跑而加油，到怎麼養育孩子、做生意、打仗、建立關係、服用藥物、通過法律和治理國家……我們都有證據可以支持我們今日所為。

我們都是從往日所學（還能在哪）找到。不然的話，除了做為靠規律過活的動物，我們還能怎麼概略知道該做什麼呢？簡單來講，就像羅素所說的，我們很像那隻雞；這也沒關係，只是那隻雞死了，死得很慘。

由此可見，認為我們的因果知識夠可靠、可以轉移的想法通常深植人心，而且也有必要；但又能看出，這種期望很容易受到我們不知道我們不知道的因素影響。

卡特賴特半開玩笑說，只要做過隨機對照試驗就會支持那隻雞的信念，是要指出你對農民、農場和耶誕節的行為與社會結構必須知道多少脈絡細節，才能理解當你看著那隻雞每天被餵，你究竟是在看什麼。對於那隻雞來說，這一切就是至關重要的隱藏那一半。牠得一路回溯到農業問題，並調查一切的相關性，才能知道什麼事可能是相關的。

在這方面上，理智的人類和理智的雞只有一項差別，就是人類知道自己的因果直覺可能不可靠。我們知道、或應該知道有個隱藏的一半。雞連這都不知道。如果我們都認識到了我們無法掌握所有相關細節，總是會有隱藏的影響要素，而卻未能根據這種認識採取行動，那麼我們就真的是在塵土中啄食的無知雞隻了。

我已經盡我所能的為隱藏那一半提出了說明。本章要繼續前進，看看一系列的證據，顯示我們經常寧可忽略隱藏那一半，拋棄我們勝過那隻雞的優勢，而選擇一頭衝進農場。

什麼東西可能會出錯？

不理解事情如何運作不打緊，更糟的是死不承認。這類情況很常見，都有慘痛證據，最好的例子就是政府和政策，蠢錯出個不停，也不停被哀嘆。[2]

政府宣布這個、宣布那個，解釋政策會怎麼改善生活和帶來繁榮，卻幾乎故意無視未知事項；政府拉動某根政策槓桿，但事情就是不像它們所說的那樣發生。從歐洲的貨幣聯盟嘗試，到購買新的航空母艦，[3] 事情都不照計畫走。一場場戰爭打到完全失控。

阿拉伯之春迎來民主卻又帶來新的壓迫。一個個經濟體崩潰，摧毀了財富、毀壞了生活。大家不停爭吵著該如何處理犯罪、削減未成年懷孕、進行教學。

即使政策具有某種科學基礎，那也可能不夠確定，而走到危險的地步。例如，想想人們被說服買下的柴油車，原本是為了減少環境傷害，實際上反而更糟糕。

面對深深的不確定性和如此參差的過往紀錄，我們會期望政策抱負應該用謹慎或謙卑的態度加以調整。至少那樣可以顯示我們認真看待自身局限。但當我隨機查看英國僅僅一週的新聞，卻沒什麼跡象顯示有任何這種事。[4]

　　舉例來說，有一份關於擴大學徒制政府計畫的報告追蹤了一項承諾：「贊助三百萬個全新學徒職位，讓年輕人習得成功技能。」這會由一項總額達二十八億美元的公司稅捐來支應，並構成英國新產業策略的一部分。[5]英國政府要講的故事很清楚：籌錢支應培訓，而培訓接著會提升技能。從原因到結果，有什麼地方會出錯呢？據政府所說並不多。但事實上卻有無數可能性。

　　財政研究所這家受人尊敬的智庫表示，有個後果讓人相當意外：既有的培訓可以重新包裝為學徒職位，再來向全新培訓資金要錢。這意味人們會做著任何他們之前就在做的培訓，只不過現在是新方案的一部分，主要由別人的額外稅捐來資助。這種現象又稱為「無謂成本」（deadweight cost）：錢滾了一圈，但並未改善目標行為。

　　財政研究所表示，有些雇主會放棄培訓自家員工，反而將培訓留給新方案，這可能會使情況更糟。財政研究所還表示，該方案擴展得太快，使得學徒的品質往往很差。更有甚者，這項稅捐可能會壓低其他勞工的工資。

　　財政研究所認為，政府「輕率」的使用統計資料提出理論依據。[6]政府駁斥這種批評。幾週後，國會議員小組委員會又加以重申。[7]

　　或許有人想到的推定機制類似這樣：「如果我把錢花在我想要的東西上，我就會得到它們。因此，如果我透過稅捐，強迫其他人把錢花在同樣的東西上，那麼我也可以擁有更多東西。」

那種歸納也許是對的，前提是假想機制裡其他所有人都表現得正如預期。這個附加條件相當大膽。這裡的目的是要問，當存在這麼多未知事項、這麼多合理懷疑，以及過往如此糟糕的政策紀錄，我們能有多大信心？政策一旦面對許多往往很精細的人性動機和算計，就會變得脆弱。面對這種脆弱而又抱著過度信心，被瞧不起也是應得的。然而，那卻似乎是政治行動的模範。

同一週，蘇格蘭有一項關於 3P 育兒課程（Positive Parenting Program, Triple P）的新研究。3P 課程受到許多先前研究支持，雖然很花錢，但據稱能有效改善兒童心智健康。然而，這項新研究卻表示課程在整個人口裡的效果為零。在格拉斯哥市實施多層次 3P 課程之前和期間，六年裡總共蒐集到涵蓋大約三萬個家庭的資料，並未發現兒童在四到五歲的社會、情感和行為發展有什麼差別。

這聽起來像是一場更合理的失敗。研究人員嘗試某種他們認為有證據支持的東西，接著加以評估，然後發現東西沒效。不過，它還是能充作一項標誌，讓人看見政策可以有多無知。

隔天有個故事來自英格蘭北部的市鎮，地方政府決定打掉每所中學，並興建「學習中心」。據報導，學習中心裡頭沒有教室和走廊，而是有一塊塊叫做基地區域的大片開放空間，並以簾子和滑軌創造不同隔區。孩子們很快就叫它「怪倉庫」。報導接著說：「孩子不乖不只會被全班看到，而是會被全校一半的人看到。掌握學生動向成為一大問題，教師甚至用上對講機。」

　　看樣子，市鎮議會那些高級教育官員認為大多數孩子都有一種叫做「體感學習」的特殊學習方式：「他們需要運用自己的身體和感覺，還有試誤法，而不是坐在座位上。」[8]

　　幾週後，在一封投書《衛報》的公開信上，許多神經學家和其他人一起抨擊那種關於學習風格的概念是種「神經迷思」（neuro-myth）。雖然學習方式曾為全新顯學，但突然間，追求這些學習方式的時尚都退卻了。那些官員自以為知道，所以做起事來信心驚人。在這個號稱全國表現最差的其中一個地區裡，結果就是「讓教師士氣低落、讓學生不知所措、還把教育成就拉得更低」。

　　大約在同一時間，我受邀參加一場研討會，主題是如何提高政策成功率。每位講者都在政策制定界擁有輝煌職涯，也待過中央政府或高階公職，卻接連感嘆政策經常未能達到預期。現場的共識是，很少有一天事情會在意料中運作。人家也都同意，這樣的事實無助於遏止大話。

　　我向一位經營某個倫敦自治市鎮二十年的先生請教，他指出，如果你的政策需要四項相繼的改變，每項各有 25% 的成功機會，那麼全部四項都順利運作而政策成功的數學可能性還不到 1%。按照那個標準，他是非常成功的公民領袖。

　　另一位政府高級顧問則說，政府期望政策構想轉化為真正變革的方式很「中世紀」。聽起來好像每個人都知道這問題，不過雖然這問題可以在研討會上講出來，但那些在政府裡的人卻不能或不敢公開予以承認。

不可信的確信

2017 年，政府研究所（Institute for Government, IfG）這家英國智庫發表了一份報告，表示經常的政策再造導致巨大浪費並阻礙進步。[9] 報告檢視了三個不斷劇變的政策領域，其中之一就是產業政策，也就是前述全新學徒捐的老家。政府研究所說，英國過去十年裡有三項產業策略。平均一項產業策略只有略多於三年的壽命，看起來不像是對事情如何運作有什麼穩健理解。英國前首相梅伊（Theresa May）也許真心相信，最新的版本將會如她所說的「支持英國長遠發展」，不過就算再努力也無法濫造得更快。我們可以體諒有政治壓力，但仍覺得政策既粗製又誇大。

政府研究所檢視的另一個領域是擴充教育＊。它表示，過去三十年裡共有二十八件有關擴充教育的重大立法，是由四十八位內閣大臣所領導，而他們所有人很可能都曾明確的宣布什麼東西能讓事情行得通。

這是政策制定界裡保守不嚴的祕密：即使告訴我們這項或那項新措施將如何改善我們的世界（因為他們知道事情如何在這裡運作），但事實上新措施可能下週三前就會失敗，經過許多掙扎叫嚷而在一年後被放棄，並在隔週早早就遭到撤換，取而代之的是一項閃亮的新診斷，宣告在下一個新政策措施底下

＊ 編注：英國在十六歲義務教育之後的特定領域訓練。擴充教育不像高等教育那麼偏重學科，而較為偏向技職培訓，主要是提升勞動力素質。

事情會如何運作得遠遠更好。

我不怪任何人不知道。不知道是意料中事。問題在於我們是否沉迷於假裝知道。美國經濟學家曼斯基（Charles Manski）對此有個貼切說法，就是他所創的「不可信的確信」（incredible certitude）：人們顯得很確信（或喜歡顯得如此），但他們的確信並不可信。當競爭雙方各自都拿出自己的確信，他稱之為「對決的確信」（duelling certitudes）。他說，在這些對決裡，雙方都不想含混不明。[10]

我猜他和我都會同意，含混不明是自然的人類情況。無法確定和無法掌控是常態。為了從諸多例子中舉出其一，我們來看看經濟學的最新難題：生產力成長出了什麼狀況？

生產力成長是一切經濟成長和繁榮的終極來源，但我們卻難以知道它發生了什麼事。一份 OECD 報告表示：「在大多數 OECD 國家中，最近一期勞動生產力〔成長〕都是自 1950 年代以來紀錄上最弱的。」[11] 在英國，那是從 2008 年的一年 2% 左右跌到 2012 年至 2018 年的六年總共 2% 左右，變化非常巨大。美國、德國、義大利、愛爾蘭、澳洲、日本等等也都大幅下跌。這不單是全球金融危機的結果。這種下降似乎從 2000 年代初期開始。

沒有人預見到這一切，沒有人知道它究竟為什麼發生，沒有人知道它是否還會繼續，而且就連它是否真的發生到我們以為的程度，也都有一些疑問；它可能有幾分是我們種種衡量的產物。再提一次，不知道這裡究竟發生什麼情況，應該不足為奇。應該吸引更多懷疑的，是到處可見的解釋「這全都因

為⋯⋯」，以及每篇評論最重要的、信心十足的解方「政府應該⋯⋯」。

生產力是經濟學最核心的問題之一。另一位美國經濟學家克魯曼（Paul Krugman）表示：「從長期來說，它幾乎就是一切」。這項主題已經有大量的研究和長期積累的理解。但儘管如此，我們還是沒能抓住當前事件，甚至也沒有把握理解當前事件是什麼。

這些問題都夠大，透露出來的不確定性也很廣闊。但正如我所說的，這只不過是一個例子。看看慈善部門，那裡有個援助機構叫樂施會（Oxfam），它擁有真正的道德使命，卻被指控掩蓋一起性剝削醜聞，當中維護聲譽的努力似乎嚴重損害了聲譽，並引發一連串關於騷擾、霸凌、種族歧視、威嚇吹哨者和其他不當行為的指控，而這些指控很快蔓延到其他援助機構。外顯的道德信心似乎隱蔽了道德困惑（這組織否認自己的曖昧行為），幾乎沒察覺到潛在的毀滅性後果。

接下來我們瞧瞧企業。一家又一家受人尊敬的公司犯下讓人難以置信的錯誤，這些公司都是由自信的人領導，他們說他們知道自己在做什麼，並藉此獲得高報酬。

有一家公司顯然以低於成本價承接大量工程，結果弄到突然倒閉，成為英國近年來最大的公司失敗案例之一（卡利里恩〔Carillion〕）。另一家公司曾經像所有公司那樣談論品牌價值，卻向客戶和主管機關替產品說謊，而在一些顯眼的公關災難裡刺傷自家品牌，並危及整個營運（福斯汽車和柴油排放）。

其他公司有的被會計醜聞搞爛股價（特易購）；有的投資

在某個產品或新市場卻大敗（東芝和高畫質 DVD，其他還有許多例子）；有的沒注意或不理會風險而慘栽觔斗（BP 公司和墨西哥灣「深水地平線」平台漏油事故）；有的花了一大筆錢往錯誤的方向合併或收購（蘇格蘭皇家銀行收購荷蘭銀行，也有許多例子，這裡只舉最大的其中一個）；或者把全部家當押注在一個本應分散風險以利管控卻反其道而行的金融體系，所暴露的風險一直擴大，據說已經要弄垮經濟（全球金融危機前的全世界大部分金融服務業）。

當然，很多企業決策都有好結果，其中有些決策甚至是設計過的；而那些沒得到好結果的顯然並不是全都可以預見。但是，有種信念認為我們知道事情如何運作，足以掌控我們的命運並能主宰改變（政治、領導和轉型承諾），這種信念只要存在，它就有很大一部分是在否認自身的種種局限。[12]

就我個人來說，我希望有一種更謙虛謹慎的公開對話，能更坦率談論種種在我看來巨大而明顯的不確定性。當我向那些熱中政治的朋友提議，他們告訴我不要那麼天真。他們也許是對的。如果不確定性在政治和在企業界起了作用，那麼我們應該會看到一類更不確定的政治人物和企業人士。

也許，我們終究注定要一起衝進農場，共赴跟農夫的約會。

危險天賦

人們都是任性的因果理論家，而我們需要這樣子。[13] 我們

每天看到或設想規律上千次，認為它使某件事導致另一件事，也發現規律很容易用來講述關於日常生活機制的故事。

沒有這種能力就沒辦法過活度日，更不用說治理國家或處理嬰兒死亡率了。我們連過馬路都要靠它。因果關係也稱為宇宙的黏膠。沒有它，什麼都不會發生。至少可以說，它是我們心智宇宙的黏膠。因果推論就是：我們怎麼去理解生活中各種存在的實際意義。它是人類的日常天賦。

因果推論在簡單的機械關係裡最為直觀，例如球怎麼砸破窗戶，或我確信腳踏車煞車能讓我減速。對此，我託付性命。我知道有種機制從經驗看來好像應該起作用。更確切的說，它總是起作用。

同樣的規律探索，同樣的早熟因果推論會延伸到人類生活最糾結的各端。例如，是什麼樣的因果讓人養出快樂、調適良好的孩子？如果你這樣對待他們，他們就會那樣反應嗎？又或就這點來看，是什麼樣的因果造就人類整個社會、經濟和政治生活裡的任何事情（他們的健康、教育、工作和商業、犯罪、交通、退休金等等）？

也許我們會說，正因為社會是這麼建構和組織起來，所以事情才按照某種方式運作，而這是一般的真理；或者，也許一切都寫在我們的基因，而同樣的基因在這裡、那裡、哪裡都會有同樣的影響；也許是飲食，或心理、性格、技能、教育、努力、經驗，形塑了事物的現在和未來。

也許一切都在於誘因。也許是全球化造成事態以現在的樣貌發展，諸如歷史、資本主義或社會主義、種族主義或性別歧

視、男人、不平等、政府、好或壞的計畫／政策／管理、領導、
經濟衰退、大藥商／大食品商、媒體……簡單來說，我們喜歡
交代發生的情況。我們說：「這全都因為……」。而我們之所
以這麼說，是因為我們自認在過去見過證據，事情就是如此運
作。

　　由於我們知道是什麼東西使事情發生，所以接下來就知道
如何加以改變。我們會說，拉動這根連到整個世界的槓桿，推
行這項政策，將使事情以不同的方式發生。因為我們知道事情
如何運作。

　　簡單來說，從按下腳踏車煞車、砸破窗戶到育兒或全球治
理，人們做的幾乎每件事情都仰賴關於規律的信念。「事情往
往這樣發生，很可能也將再次這樣發生。」人類理解的基礎再
基本不過了。

　　另一方面……我們心智宇宙的黏膠顯然黏不住了。正如我
們所發現的，我們對於事情如何運作的信念老是出錯。於是，
難處就在，即使同樣的直覺天賦可以拿一件事實說明另一件事
實、可以辨識模式、秩序和規律、原因和結果，同樣那種基本、
高明、必要的智性本能，卻往往也是我們栽跟頭之處。[14] 所以，
當我們每天信任上千次的神奇能力習慣讓我們自發的掉進洞
裡，我們該怎麼辦呢？

　　我不認為我們可以責怪這種本能；它太有價值，而我們太
過依賴它了。我們也不能嚴格的說這是一種認知局限，因為它
極富創發力又很聰明。儘管我們有天賦，但還是有個隱藏的一
半：在因果世界裡，經常會有一種錯綜複雜的關係，是我們永

遠無法輕易感知的。只有當我們沒認出來，或者認出來後沒採取行動，我們才有錯。

　　或許正如詹森（Samuel Johnson）所說的：「人們沒那麼需要被指導，而是更需要被提醒。」我們多少知道這一切，但多少也忘了。於是，這裡有條提醒是以包含最大後果的形式提出，並用兩個故事顯示當人們忽略隱藏的一半會發生些什麼。第一個是英國脫歐，第二個是川普當選。

經濟成長與英國脫歐

　　2016 年，經濟學家梅農（Anand Menon）寫下文章，敘述他到英國各地去討論脫歐的可能經濟效應。他在新堡市的時候聚焦於經濟的整體圖像，也就是如果退出歐盟，英國經濟會怎麼樣。

　　「大多數經濟學家所預測的英國 GDP 下跌，」他說，「將大於產自削減歐盟預算繳款所省下的任何支出。」

　　這個論點很熟悉：在 GDP 成長受到衝擊的情況下，少交錢給歐盟帶給國民會計帳的好處很容易就被抵消，公共財政所錯失的稅收會遠大於不交錢給歐盟所省下的任何支出。就他所說，接著他被人打斷了，那人是「聽眾之中的一位女士」，這位女士說：「那是你該死的 GDP，不是我們的。」

　　「英國 GDP」一詞的隱含要求就是把英國當作一體來談。然而，那位女士說得有點道理。英國 GDP 是一幅摘要式的整體圖像，包含許多較小部分，當它被看作一體，就很容易讓我

們誤解每一個構成部分。畢竟有些地方繁榮、有些地方衰亡，但沒有哪個等於平均值。

所以，事情也許正如梅農所說的，在離開歐盟之後，英國GDP未來的潛在成長會受到打擊，但對於並不期待分到這種潛在好處的人來說，那又怎樣？

大家都說，能夠看到整體圖像的能力是一種長處。這點無庸置疑，但它並非沒有危險。整體圖像不會告訴我們所有事，我們不會知道有什麼東西可能潛伏在陰影中、潛伏在每個色差裡。整體圖像就跟它所包含的許多小圖像一樣，都以自己的方式成為知識的一部分。

首先，我們並不是以全人口或平均值的形式生活在整體圖像裡。我們生活在這裡而非那裡，早上七點二十五分醒來，穿上條紋襪子，個別打理孩子，吃完早餐麥片，再走A41公路去赫默爾亨普斯特德，途中還被蠢貨硬切搶道，如此等等。我們獨自或在較小群體、較小社群、較小圖像裡體驗自己所過的生活，而我們生活的世界裡充滿了細節。

問題在於，當我們不夠留意這些細節，會發生什麼事？如果人們個人生活的精細小圖像對不上國家所描繪的整體圖像，他們還會不會相信國家告訴他們的話？或者，他們會不會抗拒那些作出宣告的機構，反而說：「我才不是那樣，我家才不是那樣。」整體圖像的信用掃地：「那是你該死的GDP……」英國脫歐是否就是我們忽略不規律的另一個後果呢？

經濟學家科伊爾（Diane Coyle）表示，地方之間的變異「隱藏在公眾論辯之外，因為區域和社會不平等往往會被頭條級的

GDP 成長所遮蔽。在英國，脫歐公投之前甚至沒有最新的區域 GDP 數字，是現在才開始要發布。」[15]

英格蘭銀行和英國國家統計局已經開始擔心某些人所謂的「粒度」（granularity，指整體資料怎麼遺失掉「此時此地」的資訊），也開始探索用什麼方式來顯示經濟故事並不是一個故事，而是許多故事。我們可以把粒度說成整體圖像的隱藏那一半。

英格蘭銀行副行長霍爾丹（Andy Haldane）在 2016 年夏天做了一次演講，題目是「誰的復甦？」。他說，他在走訪全國的過程很驚訝的發現，復甦的說法和許多當地故事衝突，想反映這種多樣性，就需要拆解整體圖像資料：

> 這些細分的資料放在一起，就會說出一個更細膩的英國復甦故事：整場復甦對大多數人來說既緩慢又淺薄，對許多人來說既局部又零散，對某些人來說既看不見又不完全。這個不平整的經濟表面有助於調和宏觀資料以及那些我去區域參訪所取得的微觀故事——也就是「復甦疑惑」。

但是，如果霍爾丹願意原諒我，我會說令人疑惑的地方有部分在於「為什麼這是疑惑」。

每個經濟福祉的故事都是脈絡駁雜，交織著地理、年齡、就業、教育、性別、住房所有權等等。總體故事是個幾乎能被無限拆解的抽象意義，而且也一定要先加以細分才能主張政策

有何效應。效應可能非常不同。某項政策在這裡可能看起來或表現得並不像同一項政策在那裡的樣子；這個群體所受的影響可能和那個群體的方向相反。就算整體圖像似乎很清楚，因果規律可能非常少見。

在同一場演講中，霍爾丹談到其他人所謂的「地面真相」，做為對比的是他所形容的「從三萬英尺高空俯瞰的觀點」。他留意到英國經濟的失業率很低、就業機會充足、從經濟衰退以來收入不平等其實也一直在下降，但大多數人仍然投票支持脫歐。這並非全都出於經濟理由，而往往牽涉到某種被拋下或被忽視的感受。

他講到在諾丁漢會見一群慈善機構，他對他們談起復甦：

> 聽眾一個個都皺起眉頭，紛紛向我提出尖銳的問題，而且不是都很有禮貌，弄得我下不了台。有人問：「你說的復甦到底指的是什麼？」「我的慈善機構正在處理比三年前多上 50% 的街友。」場內其他每家慈善機構都有類似的故事要講。無論是食物銀行、心理健康問題、或藥物成癮，所有的相關數字都在上升⋯⋯復甦的說法就是對不上他們的事實。

經濟學作家歐康納（Sarah O'Connor）也以類似語調談到她造訪博爾索弗（Bolsover）這座德比郡前礦業小鎮，它的經濟在帳面上看起來還行。[16] 平均工資很低，這是真的，但依靠失業福利的人口比例已經掉到低於英國平均水準。

然而，「那位經營酒吧的先生說，他讓所有員工都變成自僱，這樣他就不必支付稅金或最低工資。教會人士正在提供睡袋給那些掉出福利名冊並住在廢棄車庫的年輕男子。那些在商店工作的婦女則說，當地的零售工作都是兼職的，而公車費貴到不值得到別處做全職工作。」

「我的 GDP」發聲者抗議，表示整體圖像不是他們的，卻仍被要求提高眼界去思考整體圖像，他們反問「為什麼？」也許合情合理。如果專家似乎都不理睬他們，那麼認為專家脫離現實的民粹抱怨將會持續下去。霍爾丹曾談到「信任赤字」（trust deficit）。他建議經濟學家要有更好的「床畔禮儀」（bedside manner），多用「引人故事的特徵——地方性、個人性、話題性」。

這並不是說英國之前不曾見過經濟運勢駁雜的種種效應。但或許這就是問題的一部分。也許大家已經開始有點認為，自己理所當然屬於整體成長過程的一部分。這些例外的一小部分最終找到路子去抗議，自己相對被忽視了嗎？

川普或許懂這件事。在第二個故事中，我們要講的是關於低估不規則的苦頭。它再一次談到這裡和那裡的差異，出乎預料成為爆炸性改變的驅力。

中國崛起與川普當選

故事從中國開始，中國曾在幾十年間大致隔絕在全球貿易之外。革命領袖毛澤東一直維持中國的相對孤立，直到他

1976 年去世為止。這時候，中國經濟停滯不前，生活水準比起許多國家可謂悲慘，而科技更是遠遠落後於富裕世界。

經過大量內鬥，鄧小平成為毛澤東最終的接班人。鄧小平開始開放對外貿易和外國投資。隨著天安門事件發生，政治權力曾短暫移出鄧小平及支持者手中，但接著鄧小平的改革派勢力復振。在他的領導下，中國終於開始興起，成為世界製造大國。[17]

中國的崛起是很驚人的。從 1985 年只占世界製造業出口的 1% 左右，到三十年後已經占了將近 20%，約為美國的製造業出口的兩倍，將近德國的兩倍（兩者都在 2005 年左右被中國超過），而且約等於其他所有新興經濟體相加。[18]

中國在僅僅四分之一世紀裡的全面崛起又稱為人類歷史上最快的財富積累。確實有大量的人受益。別忘了，中國擁有將近十四億人口。貿易一直都對他們很有利。

所以，如果存在著例外、如果有些人並未受益，但平均而言有這麼多人受益，那有多大關係呢？再一次，我們又在評估那些具有不一致性和差異性的一小部分會帶來怎樣的衝擊。

儘管中國的崛起很劇烈，但首先要說的是，幾乎沒有人預見到這一切。1989 年 6 月 23 日，《華爾街日報》預測哪些國家會是成長領頭羊，而哪些國家又會落後。經濟學家奧特（David Autor）把故事接著講下去：「前一份名單上有孟加拉、泰國和辛巴威。後一份名單上有中國，該報預言中國將無法擺脫『強硬共產主義的僵化官僚體制』」。

雖然當時中國即將像貨運列車似的衝擊世界，但政治經濟

學家大多認為他們知道不是那麼回事。面對人類的假裝知道事情怎麼會這樣，如果想找些最簡單的空檔來進攻，那麼就去研究預測。

儘管如此，幾乎每位經濟學家很可能都同意，更多的對中貿易總體來說會是好事。由於對中貿易促成了廣大人口的物質福祉激增（史上最快的財富積累），因此經濟學家大概還滿有道理的。不僅如此，藉由讓各國專攻相對生產力最高的商品和服務，貿易通常惠及各方。[19]

重點並不在於貿易不會造成擾亂。經濟學家很瞭解這件事。但是，奧特說，教科書上的情景是失業勞工很快就會移往新的機會。在美國更應該是如此。新企業開張來填補空缺，新工作差不多和舊的一樣好，而任何集中效應都會擴散到全國。

所以，是的，擾亂是意料中事，不過是可管控的。教科書情景顯示，雖然全國對生產勞工的需求可能會小幅減少，但套用奧特的用語，曾經鼎立的製造業「沒有本地衝擊」。一般來說，美國每個月都會有數以百萬計的人離開工作崗位，也有數以百萬計的人找到新的工作。

然而，這時候在美國、在這些境況裡，整個宏大故事有個小小的次要情節正開始成形。奧特表示，如果經濟學家曾經認為貿易是免費的午餐，那麼他們就快被打醒了。他的研究重點一直都放在種種效應的分布，涵蓋美國對中貿易全部經驗的各種實際狀況，尤其是誰在哪裡輸得有多慘，以及輸家有多容易調適。

他所發現的是，有個故事能顯示差異可以造成多大差別。

雖然貿易大餅變大，但某些人分到的某些切塊卻大幅縮水。損失不但沒消失，反而還加劇，重重落在少數人身上。隨著中國的存在感開始增加，許多人因而獲利，但美國某些社群卻受到嚴重打擊。突然間，這裡變得不像那裡，而後果變得比預期更持久也更激烈。

在美國，有少數產業重度暴露於特定的中國進口貨物。就拿奧特的一個例子來說，他所談的只是紡織業一億五千萬人勞動市場中的四十萬份工作，在比例上很小。但在地理上，這些工作聚集在八個南方州分的某些郡。尤其是在一些不是都市的郡，每六份工作大約就有一份是在紡織業。這些地方屬於例外，他們的問題就出在這兒。

紡織業最受影響的勞工也不成比例的落在教育程度較低的人身上（約有 25% 高中輟學）。這些人主要是白人。他們比起大多數美國人更老、更窮。而且大多數是男性。

那麼你應該可以理解，為什麼有些人覺得受欺負。如果他們失去一份工作，然後找到了另一份工作，那份新工作可能就在附近另一家臨危公司。受到進口競爭衝擊的較富裕勞工往往轉向更安全的行業，但較貧窮勞工則往往從一個貿易暴露行業轉向另一個。

男性的收入尤其經常受到永久打擊。跟教科書上假設相反，許多人並未轉向新工作，而是轉向領取失業救濟金。其他地方的就業上升並未填補這種「空缺」。

對這個相對較小而集中的勞工群體來說，此時對中貿易的影響包括：長期收入損失（而不僅僅是一般預測的短期損

失）、長期失業、較少結婚（因為男性變得較不適合婚配）、更多的單親家庭、更大的飲酒和吸毒問題、更多的無家可歸、更多的犯罪、更多的入監、以及更多的死亡。

奧特寫道：「相較於年輕女性，貿易衝擊導致年輕男性在藥物和酒精中毒、肝病、糖尿病和肺癌死亡率上的差距上升。」他說，當中有很大一部分可能是因公共援助計畫而加劇，因為這些原本想加以緩解衝擊的計畫「誘使」人們退出勞動市場。

而更廣泛的「中國震撼」（China shock）有什麼最新效應呢？奧特說，貌似就是川普總統。

他寫道：「我們發現進口競爭上升對共和黨選票份額增加產生強勁的正面效應。」

> 共和黨增長程度非同小可。一項關於勢均力敵州分的反事實研究顯示，如果……在分析期間中國進口滲透率成長比實際成長低了 50%，那麼密西根州、威斯康辛州、賓州和北卡州就會選出民主黨。而民主黨候選人也會在這個反事實情景裡拿到選舉人團的多數。

如果分析正確（在一本談論因果推理弱點的書裡，我們必須有所懷疑），那麼，要不是對中貿易的規模，以及那些充滿地方差異的特殊環節，希拉蕊可能已經當上總統了。

真的嗎？我們不得而知。那些只聚焦在全體選民一小部分的「若且唯若」、可以產生不同贏家的選舉算術微調有許許多多種。但是，如果奧特等人是正確的（有些經濟學家不同意他

的看法 [20]），那麼這些例外衝擊就變得具有決定性。

例外的報復

在經濟學裡，關於這個脈絡中的這個主題（這裡並不等於那裡），所謂的經濟法則遠遠不同於教科書、也當然不一致。而我們知道，通常是真實的事情具有極為分歧的影響、嚴重程度出人意料、有時會集中在某些特定群體、可能在任何細節上都不可預測。

這一切有多重要呢？也許還是會有人說，十幾億中國公民得到的好處比其他地方的問題來得重要，畢竟人們的生活水準飛躍，其中很多都脫離了赤貧。這點我同意。由於其他趨勢（像是科技的影響）還在持續，即使對中貿易明天就終止，許許多多流失的工作崗位也不會回來。這也是事實。但到頭來，這些例外成為社會災難的引擎，貌似是幾個世代裡最大的政治動盪。奧特認為，雖然中國的興起加速了早已在進行的種種趨勢，但我們還是太過看好免費午餐貿易理論，而且「絲毫沒有做好準備」。

川普踐踏了所有的政治智慧。英國脫歐顛覆了計畫。這些事件應該足以說服任何人相信，一來我們知道的比自以為的要少，二來我們所忽略的事情很容易變成下一場動盪。你可以把導致這些事件的初始問題稱作例外，但請記住，例外可能格外具有決定性。

當然，顛覆並不一定都是壞事。人們會對脫歐和川普的好

壞各持己見。但是，誰能理直氣壯宣稱早已預見到這些潛在後果呢？我在想，我們打從內心抗拒承認不規律的擾亂能力，是否掩蓋了另一項動機？一旦更認真看待這種擾亂能力，就相當於承認我們的聰明和能力比我們所希望的更打折扣。很多人會少了很多話可說。

　　生活的無序挫敗我們的計畫和企圖、局限我們的能力、迎向人性的自我。它說，要謙卑，因為我比你高明。

第 9 章

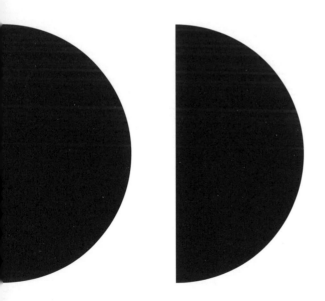

該怎麼做

12 項建議

人類非常聰明，覺得非得發明理論來交代世界上發生的事情。不幸的是，在大多數情況裡，他都沒有聰明到足以找到正確解釋。因此，當他按照自己的理論行事，就很常表現得像個瘋子。

── 赫胥黎（Aldous Huxley），《文字與託辭》（*Texts and Pretexts*），1932 年

　　醞釀中的合理假設是：我們不知道其中一半。然後呢？

　　直接放棄並不在考慮之列，而且遠遠沒有必要。但是，也不存在單一的答案。既然本書講的一直都跟不一致性有關，你還期待些什麼呢？不同的境況導致不同的策略，沒有什麼肯定行得通，那一樣是意料中事。隨之而來的是各種常常值得嘗試的建議。而「嘗試」或實驗本身已經是當中最好的選項了，我們最後將用一個故事來說明這點。

印度的沖水馬桶

　　阿坦那西歐（Orazio Attanasio）在倫敦領導一支英國智庫財政研究所的研究團隊。他的工作聚焦在貧窮和發展，研究目標之一是如何在發展中國家弄出更多沖水馬桶，理由很充分：衛生改變生活。在《刺胳針》（Lancet）某次民調裡，它當選英國史上對人類福祉最重要的貢獻。

　　為了正確看待這件事，讓我們再強調一次：改善衛生可說是英國對提升人類生活所做過最重要的事情。最要緊的是，那意味著有遠遠更多的人存活。

　　當中沒有是什麼複雜的。原因、效果和證據都很清楚。然而，世界各地有超過十億人就只是到田裡蹲。衛生欠缺和飲用水汙染每年導致數以億計的腹瀉病例，並害死無數兒童。沒有什麼是需要討論的。目標很容易界定。手段就在手邊。這世界就是需要更多的沖水馬桶。有什麼問題嗎？

　　阿坦那西歐在 2017 年一場演講說道：「因果關係……」

然後他停頓了好一會兒。

首先，依據印度政府所設的目標，直到 2025 年為止，需要每十八秒新增一個沖水馬桶。印度是一個大國，儘管這可能很花時間，但必要性很清楚。大概正要開始？

阿坦那西歐再次嘗試將想法化為言語，才說出：「因果關係……是……」就又再次停頓。

雖然政府在理論上可以裝設沖水馬桶，但有鑑於印度幅員廣闊、人口眾多，獎勵大家自行裝設可能更快。如果他們付錢裝設，也可能比較會去用。所以，阿坦那西歐和他的團隊造訪了其中一些地方，想要找到讓事件發生的最佳方式。

就是在這時候，事情變得有趣。顯然，許多人沒有馬上裝設沖水馬桶。沒去裝設的理由似乎很明顯，但如今我們瞭解到因果推定可能不安全，解方顯然會因問題所在而異。所以，研究團隊問了幾個問題：

- 人們之所以沒有沖水馬桶，是因為他們不覺得沖水馬桶很重要嗎？
- 是因為附近沒有別人有沖水馬桶，也就是榜樣的力量（社會認同）嗎？
- 是因為他們沒有認真考慮過嗎？
- 還是因為他們考慮過後覺得沖水馬桶太貴了嗎？
- 但是，如果他們說沖水馬桶太貴，那麼他們知道一個沖水馬桶（我們一般說的是地上的襯磚坑洞，而不是大理石殿堂）要花多少錢嗎？

- 或者，他們的意思是說，雖然他們有一點錢，也知道一個沖水馬桶要花費多少，但他們就是不想把錢花在沖水馬桶上，因為他們想先用那筆錢去做其他事情？
- 換句話說，是否他們不理解有什麼好處，也不覺得它很值得呢？這是否就是他們之所以不想花錢的原因，是否就是他們說它太貴的意思呢？
- 或者沖水馬桶會是他們最想先裝設的東西，但事實上他們真的就是沒錢呢？

結果，原來大多數人就是沒錢（或者嘴巴上說沒有）。所以，現在的解方也許很簡單：給他們一筆補助去裝設沖水馬桶。然而，當他們拿到補助，往往不是花在沖水馬桶上。他們拿去買了別的東西。

阿坦那西歐說：「因果關係真的……」

所以，該團隊對某些人說，沒問題，你可以得到補助，但你得先裝設沖水馬桶。那些人說好，但過沒多久就回來說，他們甚至借不到足夠的錢來裝沖水馬桶。於是，該團隊又說，好吧，你可以預先拿到補助，但我們也要辦個教育課程來宣導用這筆錢裝設沖水馬桶的重要性。因為能看到應該這麼做的理由，這樣才會真的把錢花在沖水馬桶上。

終於，人們裝設了沖水馬桶（事實上，整個故事甚至更加複雜，這裡所瞭解到的只是重點）。

無論如何，他們最後終於辦到了。但下一個問題是：裝設了沖水馬桶，大家有在用嗎？這時候，就有一項針對該計畫的

評量，想研究人們健康和福祉的改變。既然這些社區裡愈來愈多人擁有沖水馬桶，那麼相較於過去或其他地方，現在有多少腹瀉案例、嬰幼兒死亡率又有多高呢？如果這裡找得到因果關係（也就是沖水馬桶導致健康改善），那麼他們就應該可以觀察到。

評量的結果是，他們找不到任何差別。完全沒有。沒有任何的健康改善。儘管有著全部的證據、《刺胳針》和別處的專家看法、欠缺衛生造成的腹瀉致命人數、深入人們動機的研究、以及他們試圖理解在地脈絡的最大努力，但健康還是沒有改變。

研究團隊怎麼做呢？他們重新來過，失望但不失志。他們反思和調整。為什麼所有關於衛生的知識都顯示情況應該會轉變，卻沒出現任何健康改善呢？

難道在好處出現之前，沖水馬桶的採用率需要先達到門檻（像是 70% 或 80%）嗎？社區裡只要有一個人在水源附近排便就會前功盡棄嗎？儘管現在擁有沖水馬桶，但人們並沒有像他們說的那麼常用嗎？還是說現在的問題並不是人類糞便，而是動物糞便呢？

這種努力方式大部分都是在想像因果的細節和機制，也就是低層次理論。在你能測試或衡量某種效應之前，你必須先設想這樣的效應，並想像它的關聯性有多高。

阿坦那西歐最終說了出來：「因果關係真的……真的……很難。」

最終，他沒有別的詞可以形容了。問題在於無數的細節、

不規律和無形差異、複雜和意外後果；在於此處非彼處、此時
非彼時、此情境非彼情境；在於任何想要理解、描述或改變人
類所作所為的嘗試，都會被人類的混雜凌亂、生活的駁雜特質
給攪擾；在於我們習慣把人當作罐頭商品來談，但人其實是、
也當然是既具主體性又很偏執的反思性動物。

　　人類之所以會像這樣，主要是因為壓力和拼湊的資訊有可
能天天變化，還必須在這種狀況下利用各種易變的信念和價值
來兼顧多個往往不相容的目標。人類活在於一個充滿小圖像的
世界，這個世界裡的每一天每一刻可能會受到某種費解但顯著
的影響，連去衡量自己的所作所為往往都很難，更別說去加以
控制。在這個世界裡，我們只能在不知道遺漏掉什麼東西的永
恆不確定狀態中，不斷的追尋規律、一般法則和因果機制。

　　這就是求知的實踐現實。這是一場在資料、理論和假設之
間毫不停歇的揪扯扭打，目的是尋找某種可以轉移的機制，需
要反覆進行實際實驗、著眼於細節、以及願意對付那些最接地
氣的實況問題。諸多證據交織成一張巨大的網，這也意味著需
要反覆的衡量，以及無止境的推測、發問、傾聽和調整，然後
重新開始。我喜歡阿坦那西歐和他的態度。他耐心、聰明、機
智、堅決、從來不會太依賴某個假設。

　　我們一開始就像急著跳向結論的無知雞隻，這點阿坦那西
歐無疑比我更清楚。他的因果推論很豐富，這是肯定的，不過
他是在尋找多重影響和可能機制，以便繼續探索。我上次確認
的時候，他們仍在追求最佳解方。但是，正因為他的團隊知道
就是會有未知，加上他拒絕被未知嚇到而寧可做調整，讓我相

信他們會達到目的。

十二招應對方式

所以我們現在處於什麼情況呢？從上面這個故事和本書其他地方，我們可以蒐集一些招數來應付這個充滿不確定性、令人畏懼的世界。當中每一項都有人批評，每一項都可以成為一本書或一個研究議程（有好幾項已經是了）。

我會簡單說明，主要目的是指出其實有很多事可以做，希望不會浪費你太多時間，有心的話還能從中找到更多發現。

1. 實驗和調整

「實地評估是必要的，」經濟學家杜芙若說，「……因為直覺再怎麼老練、再怎麼根植於既有理論和先前的相關證據，往往都不足以顯示現實中會發生些什麼。」

據她所說，這使我們非常容易出錯。結果就是，我們必須把事情試一試。測試是種平淡的方法，沒有祕密、沒有保證、沒有推定、沒有虛榮，而用語很乏味。

我們向生活呈上自己的構想，同時承認自己的無知，然後等它給我們一個裁決、等它「回話」。我們動作迅速，準備好要依據它告訴我們的話來做調整。我們深深意識到，我們遺漏掉的那一個因素可能至關重要。我們研究全部高和低、大和小的層次，留意到每一個層次都會是另一個層次的隱藏另一半。

在政經情境裡，凱伊提倡一種實驗性方法，他稱之為「有

紀律的多元化」（disciplined pluralism）。[1] 多元化的部分在於同時嘗試不只一件東西；紀律則是在於停掉或改變那些失敗的事物。這聽起來夠簡單的了。但是，由於它一開始就承認我們不知道最佳答案會是什麼，因此它可能更為罕見。

凱伊說市場真正做好的就是「有紀律的多元化」，而且它差不多就是你能為市場找到最無聲務實的支持理由。我們不用相信市場都是公正或自然，而我們也不用相信所有自稱自由市場論者的集體智慧，但市場確實永無止境的在做實驗。市場不斷測試新的產品、新的服務、新的工作方式。那就是市場的多元化。失敗的就失敗了，而且會被停掉——那就是市場的紀律。這是一種很有說服力的特質，不英勇卻很明智。

在政策上，實驗同樣也經常是合理的，但也伴隨相同的附加條件：如果行得通，就繼續，如果行不通，就喊停。

不幸的是，某項解決方案如果受到偏愛，投資在上面的政治資本往往讓人很難承認那個構想很糟。政府抗拒喊停。正如凱伊所說，當中既沒有多元化，也沒有紀律。[2]

實驗可以幫助我們擺脫這種困境，只要我們把不那麼多的資本投資於一項構想，也不要那麼保守抗拒。先前提到行為洞察團隊這家親近政府的機構，它就擁抱了實驗，並已取得搶眼成果。[3] 成本往往微不足道、回報可觀，而過程往往比預期的更快。

這整個想法讓政治人物大為不安。實驗過程意味著起點是無知，但他們卻已經承諾給出答案，而他們的宣言往往也已經加以列舉。一般大眾似乎也同樣不耐煩。然而，好好做的話，

實驗可以提供更好的答案，或提供證據來證明沒有答案。無論結果是哪樣，我們都學到了東西。這是讓政策做為一種探索過程。我們希望的結果是更具韌性的政策，而上天都曉得我們需要來一點。[4]

當然，不可能總是做實驗。英國脫歐不能拿來做實驗，它只會發生一次。就業市場也不能放進實驗室。實驗不能取代判斷哪個好哪個壞的規範性價值；實驗是手段，而不是目的。有時候，實驗在道德上並不可行；我們不能隨機讓人陷入貧窮，或隨機將孩子判給離異的父母，來看看會發生些什麼，並加以衡量。有時候，實驗得花上好幾年。

但是，從新聞網站即時使用適性測試檢測同一故事的哪個版本得到最多點擊，到政府測試要給潛在器官捐贈者的訊息，這個時代正在成為實驗的時代。

研究者正在尋找愈來愈創新的方式，來探究生活如何創造一個個能當作自然實驗（natural experiment）的奇特行為泡泡。那些泡泡就好像是神靈，說：「如果這樣做會發生什麼事？」然後為了我們的方便隨機蒐集了一組樣本。

舉例來說，如果我們想研究酒精的效應，就有一組群體因為基因變異，無法代謝酒精而不太能喝酒。既然有可能沒有別的原因能證明這些人應該活得更長或更短，那我們就可以研究這組在其他方面皆屬隨機的群體，來看看不飲酒對死亡率有什麼效應。

大自然幾乎幫我們執行了這項實驗，而這種探索技術叫做孟德爾隨機化（Mendelian randomization）。

經濟學也正變得同樣關注自然實驗，因為自然實驗裡的生活創造出相對乾淨的斷裂，讓我們能夠釐清是何因造成何果。舉例來說，如果能蓋出一道穿過城市的牆，然後再把它拿掉，那麼也許就可能更有把握的發現，當人們和企業在兩邊各自變化後又再合到一起，房地產價格和都市集中化之類的影響會對經濟發展有什麼效應。這樣的刻意實驗（deliberate experiment）沒有一個可行，但柏林圍牆替我們辦到了。[5]

這些被某些人蔑稱的「可愛」研究並不能解答一切，但正成為經濟探究的基礎。

2. 三角檢證

如果我們要做實驗，最好正確的做，要更注意潛在陷阱。前面提到的複製故事告訴我們，實驗和分析有多麼容易發生缺陷，尤其是用單一方式檢視證據時，特別薄弱。更重要的是，一旦少了複製、少了基於良好研究設計的嚴謹，我們就是在浪費自己的時間和別人的錢。

利用多重路徑得出結論是個吸引人的想法。這種手法可用不同方法對相關發現進行三角檢證，受到許多人擁護，其中包括穆納佛（Marcus Munafò）和戴維‧史密斯。

這兩人表示，很少看到有計畫試圖從多種視角去證明某一論點。但是，如果生活像本書所說的，會既頻繁又擾亂的依據情境而細微變異，以及如果要發現真正的秩序和規律（也就是實在、可推廣的知識）又相應更難，那麼我們別無選擇，只能在不同情境用不同方法檢視問題，看看相關發現是否穩健。

　　兩位作者問：「科學不就該這麼運作嗎？」他們寫道：「或許是吧，但身處今日超競爭環境的科學家往往忽略了有必要追求各種證據的線索。」

　　另一種同樣謹慎的反應是說，無論我們怎麼做實驗，實驗總是有可能無法推廣。只要整條推理鏈上有個薄弱環節在彼時或彼地有效，卻在此時或此地失靈，這種說法就成立。因此，儘管實驗證據有用，但並非總是具有結論性。[6]我們必須準備好，一再調整和嘗試。

　　這些想法的共同點就是對假知識的危險性提高敏感度。

3. 來點消極能力

　　無論我們必須面對什麼樣的其他壓力，那種想在心智裡隨便塞點什麼、不讓想像裡空無一物或只有疑惑的渴望，都是我們能夠加以抗拒而得益的欲望。濟慈所謂的消極能力（抗拒定論渴求的能力）也許就是另一種遏制爛答案的方式。

4. 擁抱不確定性

　　隱藏的一半意味著會有一堆難以避免的無知和不確定性。據說大家都不喜歡不確定性，所以這是個問題。或許那就解釋了為什麼政治和經濟發生舊有確定性的崩潰或意外時，會使人照樣加倍下注在幾項受偏好的確定性上。

　　在美國，有民調證據顯示，政治觀點愈來愈兩極化，因為人們變得更加固守在政治分野的任一側。就像曼斯基所形容的，他們更加堅持「對決的確信」。[7]在不確定的時刻抓住某

些確定性，這種反應看似矛盾，卻很自然，就像是抓緊沉船的最後一條木板。

我所認為的最終清算迷思就包括這種對確定性的渴望。這意思是說，無論最近有什麼動盪，那個確定性就是其他人出錯的證據，而我們現在即將獲得最終的證據，讓我們心目中的大原因一勞永逸的宣誓主權。

全球金融危機就是個完美的例子，每個人都心滿意足。他們一直都說經濟哪裡出了錯，這場危機證明了他們才是對的。那些向來認為監管不足的人對別人的蠢事搖了搖頭。那些向來認為監管過度的人則對政府太多的愚昧干預感到驚訝。我們很多人對於最近的弊病都有最喜歡的答案：這全都因為移民、新自由主義、或隨便什麼，所有之前否認這一點的人現在都必須面對事實和真相。當然，他們不會去面對。他們太忙於宣布一套完全不同的最終清算了。

我的天真疑問就是，不確定時刻是否就應該導向……呃，不確定性。但是，如果大家真的都不喜歡不確定性，有什麼辦法可以勸大家接受它呢？我們可以用幾個問題來開始提供理由。第一，你會想知道你這輩子往後所有的耶誕禮物嗎？第二，你想知道自己的死期嗎？你說你不確定是什麼意思？那你憑什麼說你不喜歡不確定性呢？

顯然，我可以不要某些種類的不確定性，但我會接受其他種類。評估要不要接受手術時，我當然想知道它是否行得通。另一方面，劇透會毀了電影，因為馬上知道電影如何結束，所以寧願不知道。

所以，斷定人們不喜歡不確定性，是另一種過度推廣。在許多情況裡，不確定性具有種種好處。最大的好處就是，我們會因拋棄確定的虛假承諾而更加瞭解這世界。[8] 我們會對新的構想和可能性稍微敞開心胸。

另一方面，確定性也意味著永遠都不用去思考哪些東西新奇、哪些東西不一樣，或者公然不考慮新的證據。如果你覺得這像是一種優點，那麼請別怪我徵求建議時沒問你。

令人驚訝的是，不確定性的其他好處還包括希望。請回想一下桑普森的論點，他認為幸好人生難以預測。對於一開始就蒙上犯罪陰影的人來說，他們並未走上終身犯罪之路，他們之後的發展存在著巨大的不確定性。

也就是說，雖然模式和可預測性有時可供人參考並令人放心，但它們也可以是一座牢籠。沒有它們，有時我們會過得更好。於是，說得更直白一些，不確定性可以是自由。

5. 在下注時，請記住……自己是在下注

我們幾乎總是憑自身知識在下注。無論是理論、經驗、原則或實驗，都無法讓我們不受神祕變數影響。承認我們是在下注，有助於我們超前思考潛在的負面因素，尤其是在商業或政治情境裡：如果我們輸了這注會發生什麼事呢？我們會在探索意外後果的過程操弄自己的答案嗎？

我們經常認為有信心就代表能力足以勝任，其實可能正好相反，那只是拒絕承認決策一直都是賭局，而賭桌上充滿了不完美的理解。

6. 傳達不確定性

超過十五年前，我和迪爾諾第一次聊到要做一檔電台節目，專門來談公共論證裡，那些看起來就是許多知識主張核心的數字。這檔節目在英國製播了十五年，至今依然欣欣向榮，只是換了團隊，由哈福德擔任主持人，還有一個在 BBC 國際台的子節目，在世界各地也出現好些類似的節目。這檔節目的志向很簡單，其中之一就是針對公共論證裡那些基於數字的主張提出更多有根據的懷疑，並把這些懷疑帶進新聞業。雖然我們也曾讚揚數字的力量，但更常見的是，我們覺得有責任去報導數字如何被自稱有識之士的人給濫用或誤解，產生一個又一個故事。

《數字知多少》（*More or Less*）這檔節目的影響也許在這些年裡有所增長。但在其他方面，上述抱持懷疑的志向卻幾乎沒有獲得進展。在我看來，一來大家還是沒充分認識到這麼多提給公眾的主張其實有多麼脆弱和不確定，二來大家還是太害怕被看出一無所知。

我並不是說新聞業沒去挑戰人們的主張。確實有一些很硬的問題問到詳情。但在其他很多情況裡，我們自我感覺良好，因為我們自認早就知道，然後忽略那種知識的弱點，例如：GDP 或失業率的不確定性幅度有多大；機率轉換成真人尺度後，有多常是微不足道的；就算來源據信可靠，研究有多常是錯的。當我們採訪別人，我們的態度就好像他們應該知道，然後逼得他們假裝知道。

這有部分是因為，媒體像大家一樣，也苦於擔憂承認不確定和無知會失去權威。然而，有新證據顯示，當資料上放著不確定性量度，人們會變得沒那麼信任資料（這也許正是對的反應），但更信任傳訊者。[9] 在這方面上，誠實的獎勵就會是可信度。我發現哲學家奧尼爾（Onora O'Neill）對信任和可信任度做了區分，我覺得很有用。想讓人相信並不同於試著證明你為什麼可信。而後者才最要緊。

同時，新聞工作者需要更加努力，幫不確定性尋找一套更豐富的用語。先說清楚，這不是叫人去隨便報導哪裡哪個怪人想要宣稱哪件事。不是所有的宣稱都一樣不確定，有些是徹底不可信，有些則比其他的更可疑。重點在於，灰色色譜比我們以為的還大。

那些有訊息要傳達的人還有一種擔憂，就是政治對手或商業利益會惡毒的用不確定性來破壞可信的研究。歷史上有個重大的例子是菸草業，它惡意、可恥的散布相關科學的懷疑來打擊吸菸有害的證據。某位菸草公司高管的醜惡備忘錄這麼說：「懷疑是我們的產品」（Doubt is our product）。

有人就因此覺得懷疑是敵人、是惡意者的武器。這種反應很自然，卻可能會造成災難。對那些捍衛立場的人來說，試著堅持不合理的確定性標準可能有害，因為確定性容易脆裂。在以確定性嘗試捍衛事情原因的時候，確定性的裂縫會為原因招來不必要的汙名。

氣候變遷研究就犯了這種錯誤。它有一個高度可信的故事要講。其中就有不確定性，但當然會有；無法想像一個像氣候

這麼複雜的系統會輕易的產生明確知識。不過,我們還是得制定政策。唯一可擁護的立場就是,我們這麼做是基於我們的最佳理解,而不是靠著試圖否認每一項質疑,也不是靠著在做任何事情之前都要求確定性。害怕給對手可信度,就造成不恰當的電子信件出現,試圖打壓可能那些顯得尷尬的證據,這樣無濟於事。我們需要把不確定性從惡意者那裡拿回來,轉變成可靠者的武器。

不確定性陳述也往往語帶歉意:「對不起,我不知道那個問題的答案。」但其實可以更強硬有力:「我當然不知道那個問題的答案……」我們應該要問那些因為我們不確定而攻擊我們的人,他們對自己的立場抱有哪些不確定。如果完全沒有,或是微不足道,那麼這些人就悖於情理,而他們的攻擊也洩露出自己的惡意。

7. 治理不確定性

不確定性有時被當作支持有限政府(limited government)[*]的理由,但它並沒有要求我們放手。「少即是多」並不是叫人什麼都別做,而是正如字面上說的:要追求功效、要蓋磚房而非稻草華廈。只要我們確實找到實在、穩健的證據,也許就有充分理由採取行動。不過,由於因果交互作用的複雜性,我們往往無法藉由一次研究一項東西來預測或辨認那些交互作用,甚至可能要經常廣泛的嘗試許多東西。

[*] 編注:規模、職能、權力均受憲法和法律嚴格約束的政府。

即使如此，我們仍應預期政策經常會失敗，尤其是如果它欠缺最穩健的實驗證據或其他證據。有些人或地方對政策的反應不如預期，去怪罪他們也許可以暫時減輕政治上的壓力，但那不是辦成事情的好方法。我們反倒應該樂於傾聽和調整。

在意識型態分野的另一邊，只要是相信政府的人，都不應該支持或去做那些具有反效果、浪費政府行動的事，因為政府行動需要政治意志和資源，而且很有限。這應該不言可喻，但催促政府「做些什麼」的聲浪卻能憑著最脆弱的證據，壓過這項最低要求。

話雖如此，我們確實知道一些事，包括有力的統計規律。在此我們回頭看一下例子，像是如果身為美國的貧窮黑人，那麼坐牢的機會有多大。我發現機率太大了，大到讓我覺得世界上所有的無形變異都比不過這麼有系統、這麼強大的影響，大到我們有責任試著加以理解和改變。2000 年代初期黑人高中輟學者的終身入獄率據報接近 70%。[10] 這數字似乎從此跟著犯罪率一起下降，但與其他種族群體的差距可能有所擴大。

另一個例子是貧窮。關於英國這裡，我所知道的統計數據很耐人尋味。目前，那些出生於最低社會階級的人大約有一半將在同一社會階級裡成長和死亡。假設我們相信社會流動性，也假設人們應該能在沒有系統障礙的情況下向上移動（從而也能向下移動），那麼 50% 算多還是少呢？是否存在著社會流動性的系統阻礙，讓太多生命受到他人出於故意或疏忽的抑制呢？還是說機會是唾手可得的呢？

這個杯子是半空還是半滿由你決定。我自己的看法是，一

半並不夠，尤其是因為上升的那一半很少上升很多。結構上的阻礙在我看來似乎很大，有錢的平庸孩子表現優於貧窮的能幹孩子。希望有流動性、致力改變流動的見解，有一部分是基於我們政治價值的判斷，其他人不同意也很合理；但就連一本在談不規律的書也必須承認，有些規律是許多人都會感受到、亟需肯認的。於是，政府就完全不會變得多餘，只是得更謹慎和更聚焦。

8. 管理不確定性

最近我和一位管理顧問對談，讓我驚訝的是，他表示別人心目中的企業力（corporate power）在商界人士自己看來更像是企業懼（corporate terror）。據他所說，商界人士就是不知道接下來會發生什麼情況、不知道應該如何回應或計畫。英國脫歐、網際網路、谷歌和亞馬遜、對氣候變遷的擔憂、人工智慧、快速變化的公共規範（例如，突然轉向反塑）都讓他們感到困惑、無所適從。

本書中的取向符合各種試圖擁抱而非否認這類不確定性的現有商業想法：從當前的管理流行語「敏捷」，強調適應力和自我管理的（靈活）團隊；到在策略上採納小押注、實驗和邊際改進，而非高層押注全部家當的單一答案變革；到強調授權決策（devolved decision-making），因為中心的知識可能會遺漏掉在地管路工人詳細、內嵌的知識。[11] 有很多商業思維並不志在告訴 CEO：「這樣就可以在掌控之中」。

談到不確定性對商業的價值，或許最犀利的觀察就是，少

了它沒有人能賺大錢。如果每項決策皆可根據各種可確定的機率來算計，那麼幾乎任何人都會做出同樣的商業算計。正是因為我們不知道會發生什麼情況，才會有某個人可以嘗試某件沒人想過或敢做的事，然後看看它是否行得通。

9. 別用機率掩飾無知

再精妙的機率都無法表現出未來的種種未知。新奇的發明和行為、態度、品味的改變，意味著過去的規律極有可能在某個時點以某種方式崩解。大尺度機率也可能在真人尺度上毫無意義。我們應該實話實說，機率在人們的生活層次上有多麼要緊，就該怎麼表達機率知識。

明智使用的話，機率經常會是我們所擁有的最佳知識。我們應該接受這點，但永遠別忘了機率的局限。在可能的範疇內會有很人的變異。那就是機率的本質。

10. 改變譬喻

譬喻可以明確形塑思維，而機械式譬喻經常主導我們關於因果關係的心智模型。拉動這根連桿，達到這個觸發點，就會改變世界。那麼，我們能否正面對抗誘惑，不把因果關係視為單單機械式的模型呢？

讓我們來試試吧。一方面，就把社會因果關係的機械式思維想成是捕鼠器這類的拙劣模仿品。經典捕鼠器是在金屬片放上起司，扣住套接彈簧的惡毒金屬夾。當老鼠踏上金屬片去取起司，卡扣就被碰掉，彈簧一鬆開，金屬夾便打死老鼠。一件

事導致另一件事。

做為替代模型和譬喻，可以想想捕鼠器桌遊「老鼠與起司」（Mouse Trap），遊戲目的是裝設一套極其複雜的捕鼠器來抓對手的老鼠。我們小時候常在玩。

這裡引用維基百科，它是這麼運作的：「玩家轉動曲柄，曲柄會旋動垂直機關，而垂直機關又連接到水平機關。水平機關一轉動，就會推動一根套了橡皮筋的連桿，直到它彈回原位，擊中一隻擺動的靴子。這會造成靴子踢翻水桶，把彈珠送下一座迂迴曲折的斜坡（「晃晃梯」），滾入一條滑道。這又導致彈珠擊中一根垂直桿子，桿子頂端有一隻向上張開的手掌，上面托著一顆更大的球……」如此等等。

不令人意外的是，這款遊戲經常失靈。這裡再次引述維基百科：「有好幾個地方常常會讓整個捕鼠器失靈。如果沒裝平，或者如果撞太用力，彈珠可能會掉出斜坡；如果沒對準，彈珠也可能錯過滑道；彈珠與桿子的接觸可能沒能弄掉上方的球；那顆球可能沒能把跳水的人推進浴缸；浴缸的移動可能不足以弄掉籠子；或者籠子順著鋸齒桿子往下滑時可能會半途卡住。」

如果我們必須弄出因果關係的機械式模型，就讓我們弄出認真的、錯綜的、小部件多到超乎理解或掌控的機械式模型，弄出一件奢華、精密的玩意兒，讓它對應到現實生活的神祕變異。如果我們必須在想像裡擺設因果機器，那就擺設一台像這樣的：精巧到讓我們清楚看見可能的失靈，以及我們自身理解的局限。

然後，一旦我們完成，就再多加一點複雜性。因為就連這套複雜得可笑的捕鼠器也是一種粗糙簡化。它並未呈現可能的反饋效應、外溢作用或意外後果（球滾進哥哥的紙牌金字塔，然後他就踢翻你的桌遊）。

捕鼠器桌遊不具有意識或意志。但這只是個開始。不要想著有連桿連到順從的世界；要想想捕鼠器桌遊的曲柄轉動。

11. 珍視你的例外

本書充滿了故事和軼聞，而故事或軼聞可能靠不住。美國哥倫比亞大學的統計學家蓋爾曼就和哥本哈根商學院的巴斯博（Thomas Basbøll）一起寫了文章說，故事和軼聞可能是「選擇性偏誤的最佳案例」，也被當作藉口「去選擇有趣、意外、非典型的東西，而不去選擇應該構成我們大部分社會科學基礎的平凡無聊現實」。[12] 另一位統計學家史匹格哈特爾則說，我們需要對誤導人的軼聞免疫。

故事永遠不能做為一般規則。太把它當一回事、忽略與它背道而馳的故事、或沒去理會故事是真相的機率有多大，那就得面臨另一次推廣失敗，而且不曉得故事有什麼價值。證據和例子雖然不可或缺，只不過在這種形式下很容易騙人。

但是，蓋爾曼和巴斯博也為故事提供了中肯的辯護：故事最為有力的時候，是向我們展示某項一般主張的局限，也就是說，如果故事異常，「我們就把故事從不同於通常想像的軼聞資料歸入另一類證據，以調和這種明顯的矛盾。故事的目的並不是堆積證據來支持這個或那個理論，而是把聚光燈打在某項

異常（現有模型的某個問題），並做為一種不可變的物件，來表達現實中的複雜性。」

我們不能從故事變出理論、構想或政策；也不能用故事來主張大自然是有序的。但是，故事能暗示我們局限存在，並能在證偽過程中扮演正當角色——往往真的就只需要一個故事。這正是本書許多故事的目標：闡明我們的預期和想法出了什麼問題，以表達現實的複雜性。一次又一次，我們從所自認為知道的事情建立預期，直到遇到有例子（像是大理石紋螯蝦）逼得我們說「除了……之外」。

我希望，任何人試著發現任何事的時候，這些故事可以當作最佳忠告，那正是早期遺傳學家貝特森（William Bateson）在一百多年前所說的：「珍視你的例外！……讓它們總是暴露可見……例外就像一座成長中建築的粗糙砌磚，告訴我們之後還有更多會到來，並顯示下個構造會在哪裡。」[13]

12. 放輕鬆

在一個能在細微處轉動原因的世界裡，我們並不是主宰。如果我們認為萬事都沒有機率，並試圖逼迫這世界順從，那麼不僅將會令人難以忍受，而且還會失敗。當然，要嚴謹、盡可能嚴謹。也請盡量保持堅定。有時候會有回報。

但是，在那之外，請放輕鬆一點。它不是我們所能掌控，也不是我們所能想像。它就在那裡，就在我們管轄範圍以外的那一半。它會為所欲為，而我們也許永遠不會知道為什麼。

後記

為什麼要談隱藏的一半？

　　「隱藏的一半」這個構想源自一種感覺，覺得機遇的語言表述得似乎並不夠好。我的意思是說，機遇和隨機性是許多書籍的主題（經常都是統計學家寫來告誡大家小覷了機遇），但即使如此，機遇還是研究中最被忽視的方面之一。

　　不斷有人試圖提醒大家，也不斷有人無視這些提醒，這兩個事實讓我們不得不問：為什麼那些告誡沒能打進人心，我們還有別的辦法嗎？

　　我猜我們之所以提醒失敗（因為我也試過），其中一個理由是因為機遇是一種抽象概念，而「原因」卻是關於某一件事如何導致另一件事的故事，而這種故事動用了我們最深的直覺。當我們告誡大家某一件事可能因為機遇而導致另一件事，就是試著用抽象概念來勸人放棄對故事的信念。這就像試著用想法來打開果醬罐。舉例來說，有一個老笑話就講，永遠不該試著跟做生意成功的人談運氣。

　　故事帶給我們血肉、時間之箭、開始和結局、名字、戲劇性轉折點、感受、希望、失望、成功、強大的人類主體、還有最重要的就是因果關係。在眾多想像之中，何者更具說服力無庸置疑，絲毫沒有爭議。

　　那麼，我們要如何對抗這些所謂因果的「這全都因為」故事呢？隱藏的一半試著以其人之道還治其人之身。它想像的世界充滿了無數相互競爭的精細原因，然後把原因想成相互競爭的故事。如此一來，那些神祕的細節就變成轉折點、變成微妙平衡的諸多原因，也就意味著任何故事都可以這樣或那樣走。

　　這顯示出任何故事的結局都可能隨著這麼單單一個神祕

變數而轉變，機遇就這麼給具現化了。無論故事是關於年輕罪犯、GDP、螯蝦的最終形狀、還是某項在孟加拉的援助計畫，都受到神祕變數的影響。

本書賦予這些神祕變數某種生動、具體的存在，像是婆婆、影印機、公車、咳嗽、斥責（「你敢辭掉就給我滾」）或其他確切而特定的經驗。

在隱藏的一半所看到的世界裡，複雜性都能如此巧妙的轉動這些具體原因，讓每個故事差一點點就會有不同結局。如果我們要為想像力而戰，對抗那些讓人自認是有知主角的誤導故事，然後說服大家相信各種知識的易錯性，那麼最大的希望也許就在於更多的故事。

這些添亂的故事並不是其他任何事情的模板或指南，它們只體現出所有故事、所有理論、所有主張的一般性都具有特異性（idiosyncrasy）。我們不能指望咳嗽預防癌症，也不能指望帶著影印機就能解決貧窮。這些故事不能做為證據，只能用來指責那種想把我們的知識延伸太遠的誘惑；它們不是規則或概括，但可以示警大家注意規則的局限。

簡單來說，隱藏的一半講述一個個故事，鼓勵多一點有建設性的謙遜，為想像提供一個有秩序或可掌控的替代品，只是這個替代品為了提醒我們機遇是什麼，反倒一動手就努力試著活化每一顆添亂的經驗粒子。[1]

總之，那就是我試著做的事。有人覺得隱藏的一半有害，尤其可能引起有意或無意的誤解，認為一切無常到什麼也做不了。我完全拒絕那種看法。

這是我個人的觀點，我沒打算對深層的現實做出有知的描述。這種觀點是一顆丟進池塘裡的鵝卵石。也許它一無所成。但話說回來，誰知道呢？

致謝

你不知道你所不知道你不知道的事物。但是，藉由去知道已知的事物，有希望可以把這個問題減輕一點。嗯，你可以試試。即使是在我討論到的領域，我在過去幾年中所能涵蓋的範圍太小了，讓我十分苦惱；每個主題都是一項終身事業，在程度和複雜度上都令人生畏。

因此，在新聞工作者撰寫紀實書籍的真正傳統中，每一個構想都歸功於那些遠遠比我瞭解它的人。我只是偷過來包裝，唯一的優勢是想去哪就去哪，踏過學科界限，然後愛怎麼講就怎麼講。

我尤其大大感激一小群人，儘管他們可能會很震驚我對他們的想法做了什麼。他們不負有任何責任，但我感謝他們的啟發和論點，以及偶爾跟他們交談有過的愉悅。他們帶來多樣的觀點，即使我知道他們在很多方面意見不一，但我敢說他們具有共同的智識傾向。他們是：遺傳流行病學家戴維·史密斯、兩位經濟學家凱伊和杜芙若、社會科學家瓦茨、統計學家史匹格哈特爾、科學哲學家卡特賴特。他們的言語、思想和影響滲透本書。我希望我有公平對待他們，而且沒令人難堪。

還有許多人的研究是我帶著興趣、尊重和愉悅去取用的：查特、貝格利、強森、金恩、勞布和桑普森、蓋許、畢曉普（Dorothy Bishop）、科伊爾、哈福德、森恩（Stephen Senn）、蓋爾曼、迪頓（Angus Deaton）、保羅·強森（Paul Johnson）、阿坦

那西歐、迪爾洛（Chris Dillow）、哈伯德（Raymond Hubbard）、霍爾丹、穆納菲（Marcus Munafò）、凱瑞（Nessa Carey）、皮爾森（Helen Pearson）、鮑爾（Philip Ball）、奧尼爾、哈里絲、鮑森（Ray Pawson）、史密士（Noah Smith）等等。

還要感謝有更多的人教導我像是混沌理論、因果關係、研究設計等等主題，以及經濟學、政策制定、教育、國際發展裡的種種特定觀念，也要感謝在研討會和其他地方聽我演講並做回應的各個團體。感謝大家。

我在大西洋圖書的編輯哈普利（Mike Harpley）帶來了對各種構想的熱情和鋒利的批判能力，最終幫助了這些構想更為聚焦。提出良好想法和麻煩論點的朋友包括迪爾諾，他多年來大大影響我的思想和方向，怎麼感謝都不夠；我的經紀人佩格（Jonny Pegg）除了通常的代理職責，他也帶來了鼓勵和想像力，以及絕佳的建設性批評，另外加上索耶（Roger Sawyer）、霍克斯（Ian Hawkes）、桑頓（Daniel Thornton）、哈克內斯（Timandra Harkness）、肯尼（Mike Kenny）、馬托（Theresa Marteau）、萊文森（Hugh Levinson）、奈特（Rich Knight）、尼克和凱特‧胡頓（Nick and Kate Hooton）、文茲（Chris Vinz）、霍金斯（Oli Hawkins）、希尼（Dominic Heaney）、威爾森（Andrew Wilson）和埃利斯（Sue Ellis），還有 BBC 學院的團隊、醫學科學院的團隊、弗里曼（Alexandra Freeman），以及溫頓風險和證據傳播中心（Winton Centre for Risk and Evidence Communication）的整個天才團隊，我那非常有學問的女兒凱特琳‧哈里斯（Caitlin Harris）、艾倫（Alan），當然還有凱特（Katey）和凱蒂（Kitty）。

注釋

序言

[1] 引述於電影《大賣空》（*The Big Short*）的開頭，談的是 2008 年全球金融危機的原因。好玩的是，這句話的出處並不確定；很難證實馬克·吐溫真的這麼說過。

[2] 大理石紋螯蝦最近的親戚是北美藍螯蝦（*Procambarus alleni*），出沒在佛羅里達州和喬治亞州南部。有報導說，最早行孤雌生殖的大理石紋螯蝦出自 1995 年一批從美國送到德國某位水族館主人的「德州螯蝦」。2004 年 7 月，《形態學期刊》（*Journal of Morphology*）有另一篇報告指出，這種說法「令人困惑且不可靠」。所以，我們不大確信整個故事，就只能說這個新物種突然出現。自從牠被發現以來，我看到一篇報導，說另一種螯蝦有轉為孤雌生殖的可能性。

[3] 德國癌症研究中心（German Cancer Research Center）表觀遺傳學負責人呂科在 2018 年 2 月給《新聞週刊》（*Newsweek*）的評論。

[4] G. Scholtz et al., 'Ecology: Parthenogenesis in an Outsider Crayfish', *Nature*, vol. 421, 2003.

[5] 德國癌症研究中心表觀遺傳學負責人呂科在 2018 年 2 月給《新聞週刊》的評論。

[6] 除非有更多也會造成顯著差異的重大突變，但你不會預期這種事每天都在發生、每隻都有。

[7] G. Vogt et al., 'Production of Different Phenotypes from the Same Genotype in the Same Environment by Developmental Variation', *Journal of Experimental Biology*, vol. 211, 2008, pp. 510–523.

8 這篇論文的引用次數比你以為的要少。就連據信往往高估的 Google 學術搜索，在十年間也只記錄到一百二十次引用，遠遠不及它所應得的引用數。在主流媒體上，它並沒有發揮任何影響。

9 其他還包括複製小鼠、天竺鼠和複製豬。詳見下一條注釋。

10 例如，可參見 P. Molenaar, D. I. Boomsma and C. V. Dolan, 'A Third Source of Developmental Differences', *Behavior Genetics*, vol. 23, no. 6, 1993, pp. 519–524; and K. Gartner, 'A Third Component Causing Random Variability Beside Environment and Genotype: A Reason for the Limited Success of a 30 Year Long Effort to Standardize Laboratory Animals?', *Laboratory Animals*, vol. 24, 1990, pp. 71–77. 蓋 特 納（Gartner）認為第三種力量總之就是生物上的：「是一個與生俱來的成分，在受精之時或之前就有作用」。

11 令人意外的，對於無形差異的關注由來已久，不過這種關注卻相對孤立。這個發展領域的用語似乎可以追溯到賴特（Sewall Wright）在 1920 年代做的天竺鼠研究。他的原始主張很契合我們所說隱藏的一半：他發現天竺鼠之間的差異有 58% 是無形的。

12 讀者可能會表示反對，認為無論我們怎麼稱呼第三種力量，它總歸還是環境或基因，因為就算它沒有系統、隨機，但那就是全部了。雖然這樣的定義有可能，但這定義並未捕捉到那些似乎不可見、不可預知且無可追溯先例的影響，這些影響所帶來的難搞之處可能存在於兩個框架中的任一個裡頭，還可能是兩者的某種深奧混合。無論是因為現實世界本質上是混亂的，或是因為我們就是無法辨別真正的影響，在我看來那還是不如它如何影響我們的決策來得重要。如果我們把第三種力量稱為環境，我們可能會覺得我們能加以控制。我認同的得體觀點是，那些沒有系統的微環境影響最好完全不要描述為環境。

13 你應該會發現這個悖論，就是我竟然宣稱知道知識的普遍缺乏。這讓我覺得很魯莽。

14 事實上，內部和外部並不可分離：我們如何看待事物和那裡到底有

什麼，是同一問題的不同面相。畢竟，如果現實是直觀的，那麼我們就沒那麼難感知到它。

本書並不直接討論哲學家所謂的認識論上（我們所知的）和本體論上（實際上在那裡的）不確定性的區別。我大多無法肯定不確定性對許多現實世界的問題（像是醫學）來說有多重要，以醫學來說，不確定性總之就是不確定性。儘管如此，問題中感知／認知那一半卻是最近科普書的一大主題。

我抱持的看法反倒是，我們正在討論的是本體論上的、現實世界的問題，而這些往往就是讓我們絞盡腦汁的問題。至少，我將會這樣框設整個討論。

15 參見 John Ioannidis, 'Why Most Published Research Findings Are False', *PLOS Medicine*, 30 August 2005. 這在當時是極少數聲音之一，但此後其他許多人也加入。他的估計並非是基於對每項科學發現的實證重測，而是基於一種建模操作。不是每個人都同意他的模型。

16 William G. Kaelin, 'Publish Houses of Brick, not Mansions of Straw', *Nature (News and Comment)*, 23 May 2017.

17 例如，可參見 Roger Cohen, 'How Democracy Became the Enemy', *New York Times*, 6 April 2018 或 David Runciman, 'Is this How Democracy Ends?', *London Review of Books*, vol. 38, no. 23, 2016, pp. 5–6, among many others.

18 Rosie Campbell of Birkbeck College, University of London, in Radio 4's *Tearing up the Politics Textbook*, 2 October 2016.

19 例如，可參見 *The Future of Productivity*, OECD, 2015.

20 出自瑞士歷史學家布克哈特（Jacob Burckhardt）。克萊夫·詹姆斯（Clive James）在著作《文化失憶》（*Cultural Amnesia: Notes in the Margin of my Time*）中引述了。布克哈特寫作於十九世紀末期，預言二十世紀將被他所謂「可怕的簡化者」（the terrible simplifiers）弄得腥風血雨。可怕的簡化者有很多種。他們是惡意者的鏡像，而且同樣具有毀滅性。

第 1 章

1   Mike Tyson (with Larry Sloman), *Undisputed Truth: My Autobiography*, London, HarperSport, 2013.

2   Mike Tyson (with Larry Sloman), *Undisputed Truth: My Autobiography*, London, HarperSport, 2013.

3   特別參考一份 1997 年的報導，出處為羅德尼‧泰森當時的雇主南加大醫學中心，當中談到他努力說服問題青少年放棄犯罪生活，並提起他曾在布朗克斯擔任某個在地勒索幫伙的打手，這項經歷據他說改變了他的人生歷程：https://news.usc.edu/12308/Surgeon-Confronts-Troubled-Youths.

4   這本精采、令人深思並有所啟發的著作在 2003 年出版（Cambridge, MA, Harvard University Press）。可惜的是，作者沒有機會研究到泰森兄弟。

5   作者是哈佛大學的格魯克夫婦（Sheldon and Eleanor Gluck）。

6   勞布在文章〈陷入麻煩的男孩，以及他們如何成長〉（Boys in Trouble and How They Age）裡的意見。這篇文章發表在他的網誌《改變生活、改變心智：扭轉人生》（Changing Lives, Changing Minds: Turning Lives Around）。

7   參見勞布的網誌；如上。

8   出自桑普森就任論文所附的個人簡介，參見 *Proceedings of the National Academy of Sciences*, vol. 105, no. 3, 2008, pp. 842–844.

9   勞布和桑普森研究的一大局限就是原始資料僅限於白人男性。相關發現是否適用於非白人和女性呢？我們不得而知。

10 關於同卵雙胞胎同時罹患思覺失調症的機率，各研究數字不一。這似乎在某程度上取決於思覺失調症的嚴重程度。就我所看到的證據來看，我覺得整體差不多落在 50% 左右。各項研究顯示，有一部分原因是歸到基因和共有環境，但歸到共有環境的原因很少或根本沒有。換句話說，一切都在於基因和「非共有」無形影響之間。

11 'The Limits of Reason: Philip Pullman on Why We Believe in Magic', *Guardian*, 1 September 2018.

12 關於「什麼時候環境不是環境？」的討論，參見 George Davey Smith, Caroline L. Relton and Paul Brennan, 'Chance, Choice and Cause in Cancer Aetiology: Individual and Population Perspectives', *International Journal of Epidemiology*, vol. 45, no. 3, 2016, pp. 615–613.

13 參見 Robert Plomin and Denise Daniels, 'Why are Children in the Same Family so Different from One Another?', *Behaviour Brain Science*, vol. 10, no. 1, 1987, pp. 1–16. 哈里絲有兩部著作詳談這些問題，參見 *The Nurture Assumption* (London, Bloomsbury, 1999) 和 *No Two Alike* (New York, W. W. Norton, 2006).

14 Plomin and Daniels, 'Why are Children in the Same Family so Different from One Another?'.

15 參見 Smith et al., 'Chance, Choice and Cause in Cancer Aetiology'，作者在文中問道：什麼時候環境不是環境？

16 Robert Plomin, *Blueprint: How DNA Makes Us Who We Are*, London, Allen Lane, 2018. 同樣的，他把這些稱為環境上的影響，我同樣也想問問，是否這導致我們覺得它們能被控制，從而把它們放進某個分類，但它們其實根本並不合乎任何分類。

17 參見 Kerstin Rhiem et al., 'The Risk of Contralateral Breast Cancer in Patients from BRCA1/2 Negative High Risk Families as Compared to Patients from BRCA1 or BRCA2 Positive Families: A Retrospective Cohort Study', *Breast Cancer Research*, vol. 14, no. 6, 2012; 亦參見 M. K. Graeser et al., 'Contralateral Breast Cancer Risk in BRCA1 and BRCA2 Mutation Carriers', *Journal of Clinical Oncology*, vol. 27, no. 35, 2009, pp. 5887–5892.

18 無可避免的是，相關數字很複雜，因為某些研究的估計值可能取決於女性罹癌後採取的任何治療，而你也許會說這擾亂了因果影響。

19　表中數據來自前揭研究。

20　信賴區間：14.5–19.9。資料來源同上。

21　信賴區間：8.9–17.0。資料來源同上。

22　Caroline Helwick, 'Contralateral Breast Cancer Risk Is Highly Overestimated', *ASCO Post*, 15 November 2012.

23　Lori Uyeno et al., 'Contralateral Breast Cancer: Effect of Stage on Survival after Unilateral Breast Cancer', *Journal of Clinical Oncology*, vol. 30, no. 27, 2012, p. 69.

24　Richard Peto, letter to New Scientist on cancer risk, 24 February 1977. 引述於前揭 Smith et al., 'Chance, Choice and Cause'.

25　機率的確重要──而且可能會是擋不住的。儘管如此，但我想人們還是傾向於偏好故事。你可以盡量主張我們應該謹慎對待機率（而我經常都有做到），但我也很常遇到的是，人們面無表情，就好像這並不直接連到現實生活。

26　出自電影《雙面情人》（*Sliding Doors*），該劇設想有個女人是否在車關閉前設法跳上火車所造就的兩種不同未來。電影的宣傳標語是：「如果說有個剎那把你的人生送往兩個完全不同的方向呢？」

27　至少就我們看來，我們講述自己的故事時常常是這樣。不過，關於我們自己的人生，我們可能會是不可靠的證人。也許我們是用後見之明挑出關鍵時刻，然後過度歸因到那些時刻。

28　本書中許多想法和例子（包括一些生平描述）都啟發自戴維·史密斯的作品。尤其參見他的絕佳論文：'Epidemiology, Epigenetics and the 'Gloomy Prospect': Embracing Randomness in Population Health Research and Practice', *International Journal of Epidemiology*, vol. 40, no. 3, 2011, pp. 537–562.

29　「這是一件該死的嚴肅事情……這是一件該死的好事──你一生見過的最險的比賽。」有誰預見到那些造成差別的無形變數呢？

30　'Life's a Drag', *Sun*, 28 August 2007.

31　按照承諾，我們稍後會回來談個人運氣與群體中原因的講法有什麼

差別。參見「大處不等於小處」一章。

32 這有時也稱為歷史的偶然理論（contingent theory）。

33 也別忘了探險家兼生物學家華萊士（Alfred Russel Wallace）正要在天擇演化上得出類似達爾文的結論。

34 在披頭四那裡是公車。而滾石樂團的傑格（Mick Jagger）和埋查茲（Keith Richards）則是在達特福四車站 2 號月台相遇。公共運輸是種規律嗎？

35 Bruce Western and Christopher Wildeman, 'The Black Family and Mass Incarceration', *Annals of the American Academy of Political and Social Science*, vol. 621, 2009, pp. 221–242.

36 參見 J. Freund et al., 'Association Between Exploratory Activity and Social Individuality in Genetically Identical Mice Living in the Same Enriched Environment', *Neuroscience*, vol. 309, 2015, pp. 140–152; 亦參見 J. Freund et al., 'Emergence of Individuality in Genetically Identical Mice', *Science*, vol. 340, no. 6133, 2013, pp. 756–759.

37 Henry James, *A Small Boy and Others*, 1913.

38 請上 YouTube 搜尋「雙鐘擺」（double pendulum）和「混沌」（chaos）。

第 2 章

1 Nick Chater, *The Mind is Flat: The Illusion of Mental Depth and the Improvised Mind*, New Haven, CT, Yale University Press, 2018. 當查特在幾年前第一次向我描述這些想法（他早已醞釀多時了），我就覺得它們既擾人又精采，現在也還是這麼覺得。

2 Petter Johansson et al., 'Failure to Detect Mismatches Between Intention and Outcome in a Simple Decision Task', *Science*, vol. 310, no. 5745, 2005, pp. 116–119. 「選擇盲視實驗室」（Choice Blindness Lab）網站上有各種資源，包括一些驚人的實驗。

3 不過我們應該當心受試者渴望討好訪談員的干擾作用（confounding

effect）。

4　Matthew Parris, 'At this Rate, I'll be Telling Myself I was for Brexit', *The Times*, 18 April 2018.

5　Helen Miller, 'Is Our Tax System Fair? It Depends. . .', *IFS Observations*, 3 November 2017.

6　出自凱伊的論文〈顯現偏好公設〉（The Axioms of Revealed Preference），文中反對那種認為一致性是理性其中一項基礎的想法，而那種想法是現代經濟學一大信條。這篇論文出現於一部頑皮直率的文集，叫《你應該忘記的經濟學觀念》，參見 *Economic Ideas You Should Forget*, eds B. S. Frey and D. Iselin, Cham, Springer, 2017.

7　〈自助〉（Self-reliance）一文寫於 1841 年。愛默生接著說：「偉大的人物根本就不會隨眾隨俗。他也許倒更關心自己落在牆上的影子。今天你想說什麼就說什麼；明天你想說什麼，照樣斬釘截鐵的說什麼，就算跟你今天說的一切都是相互矛盾的。」（譯注：此處譯文取自美國在台協會網頁）

8　我在這裡掃過大量想法和論點。一致性及其與理性的關係是經濟學、哲學和別處的廣大主題。在本書中談論人類行為的模式，不可能不去提一致性，但我刻意長話短說，這樣才容易引發更深的興趣。

9　Duncan Watts, *Everything is Obvious*: *Once You Know the Answer*, London, Atlantic Books, 2011.

10　Wendy Johnson, *Developing Difference*, Basingstoke, Palgrave Macmillan, 2014.

第 3 章

1　'The Education of an Englishman', *Atlantic Monthly*, vol. 138, 1926, p. 192.

2　要看更多故事的話，可參見 Jamie Smyth, 'Wesfarmers under Scrutiny for Homebase Debacle', *Financial Times*, 16 February 2018. 或者 Jamie Smyth and Alice Woodhouse, 'Wesfarmers Locks in $1bn of Losses as it Sells Homebase', *Financial Times*, 25 May 2018.

3　「如果它看起來像鴨子，叫聲也像鴨子，但需要電池，那麼你可能得到錯誤的抽象」：這在計算機科學中廣為人知，也就是里氏替換原則（Liskov Substitution Principle）。

4　Nancy Cartwright and Jeremy Hardie, *Evidence Based Policy: A Practical Guide to Doing it Better*, Oxford, Oxford University Press, 2012.

5　Watts, *Everything is Obvious*: *Once You Know the Answer*.

6　也許你會說：「這很明顯啊，任何在孟加拉做事的人都應該花點力氣去找出是誰在分配食物。」呃，他們會的，只要他們知道由誰分配食物會是問題所在的話。但他們怎麼會知道呢？「她想要食物……我們就給了她一些……她也吃了」這聽起來就像個關於事情可能會如何發展的合理模型。

你總是可以問問孟加拉的準媽媽，問問她們覺得事情按下來會如何運作。也許研究團隊早問過了。而這假定了孟加拉的準媽媽將預見到自家婆婆會是關鍵，並預見婆婆在可能不太尋常的境況裡會有什麼表現，所以就連那樣問說不定也無濟於事。不過，問問是好的，發展研究者就經常發問，理由是：（a）對於系統期望，在地知識經常是有用的對立點；（b）帶著強加於其他文化的解方縱身投入既不健康也不聰明，會很容易遺漏掉複雜性。

7　Esther Duflo, 'The Economist as Plumber', *American Economic Review*, vol. 107, no. 5, 2017, pp. 1–26.

8　「原則並不實際」一章會更多談到這種困難。

9　Duflo, 'The Economist as Plumber'. 杜芙若團隊也寫到在丹吉爾的用水，參見 Florencia Devoto et al., 'Happiness on Tap: Piped Water Adoption in Urban Morocco', *American Economic Journal: Economic*

Policy, vol. 4, no. 4, 2012, pp. 68–99.

[10] D. Wahlsten et al., 'Different Data from Different Labs: Lessons from Studies of Gene–Environment Interaction', *Journal of Neurobiology*, vol. 54, no. 1, 2003, pp. 283–311.

[11] Ian Simpson, *Public Confidence in Official Statistics*, NATCen, February 2017. 相信 GDP 可靠的比例。

[12] 至於網路時代 GDP 衡量真實生活水準是否不像以前那麼有效，我們先暫且擱置一旁，只考慮 GDP 數據有多能記錄目前定義中的 GDP 本身。關於這點，參見科伊爾（Diane Coyle）的精采小書：*GDP: A Brief but Affectionate History* (Princeton, NJ, Princeton University Press, 2014)，她在書中表示：「我要問 GDP 本身是否仍然是個夠好的經濟表現量度衡量——然後判斷不是。」亦參見 Charles Hulten and Leonard Nakamura, 'Accounting for Growth in the Age of the Internet: The Importance of Output-Saving Technical Change', NBER Working Paper No. 23315, April 2017.

[13] 本章所有的 GDP 資料來源：https://www.ons.gov.uk/economy/grossdomesticproductgdp/datasets/revisionstrianglesforukgdpabmi.

[14] 我們的最佳機會就是比較 GDP 資料和盡可能多的其他相關資料，冷靜評估這堆聚合的線索和跡象，而不試著硬拗它來幫我們抬槓，拿別人的判斷跟我們的比較，好好傾聽他們的論點，而且做決定時盡量保持謙卑並肯認潛在的不確定性。

[15] 參見范里安（Hal Varian）的演講「微觀經濟學家看生產力：從矽谷的視角」（'A Microeconomist Looks at Productivity: A View from the Valley', September 2016），全文網址：https://www.brookings.edu/wp-content/uploads/2016/08/varian.pdf.

[16] 國家統計局最近開始公布衡平會議的某些考量。

[17] 基於勞動市場調查（Labour Market Survey）（是用抽樣，而非普查）的英國主要失業數字也有很大的誤差幅度，可能遠遠超過任何關於變化的中央估計值。就像是 2018 年 1 月，當報導指出失業人數「下

降了 3,000」，而這個數字有「一個正負 70,000 的 95% 信賴區間（國家統計局）。報導中的下降原本很可能會是一個 20 倍大的上升。參見：'UK Unemployment Falls to 1.44 Million', BBC Online, 24 January 2018. 經濟數據比報導的人所願透露的還不可靠。

18 關於外部效度所受的威脅，存在著各式各樣的正式分類。此處使用的類型大致對應到這些更正式的術語。舉例來說，我所謂從這裡到那裡的推廣（依循卡特賴特）有時會稱為生態效度（ecological validity）問題。類似的，某個樣本未能推廣，無論理由為何，都是涉及到所謂的樣本或母體效度（sample or population validity）。構想或理論在某個情況裡成功，但卻無法轉化為能在其他情況裡合理可靠運作的一般性理論，這有時會稱為分析效度（analytic validity）的失敗。後者為「原則並不實際」一章的主題。

19 這將在某些地方激怒人。外部效度是一個備受爭議的課題。1963年，坎貝爾（Campbell）和史丹利（Stanley）這兩位學者就提出了著名的主張「內部效度至上」（primacy of internal validity）。維吉尼亞大學的穆克（Douglas Mook）則認為，推廣往往不是重點：「對外部效度誤予關注會導致我們摒棄那些沒打算或沒必要推廣到現實生活的好研究」，參見：'In Defense of External Invalidity', in A. E. Kazdin (ed.), *Methodological Issues and Strategies in Clinical Research*, Washington, DC, American Psychological Association, pp. 119–136. 比方來說，我們可能不會試著去找出確實發生的事，而去找有可能會發生的事。

20 經濟學有一個相關術語：位置移動（location shift）。位置移動似乎談的是時間、而非地點（這還真是令人困惑），而且有時還用來批評某些經濟模型，像是試圖採納今天所有相關資訊來形成明天「理性預期」的模型，或是對未來可能發生的事給出「現值」的模型。按照思路，如果有位置移動，那麼這些模型將不那麼有效。

21 Mervyn King, *The End of Alchemy*, London, Little, Brown, 2016.

22 紐西蘭央行在 1989 年取得獨立地位。歐洲央行成立於 1998 年。

1997 年，英格蘭銀行取得英國貨幣政策的獨立控制權。

23 John L. Comaroff and Paul C. Stern, 'New Perspectives on Nationalism and War', *Theory and Society*, vol. 23, no. 1, 1994, pp. 35–45.

24 正如布斯汀所寫的：「所謂的歷史有很多都是未來鬼魂的過去式敘述。」也就是說，歷史雖是歷史，但我們所知接下來會發生的事情卻深深的影響歷史（*Cleopatra's Nose: Essays on the Unexpected*, New York, Random House, 1995）。

25 John Kenneth Galbraith, *A Life in our Times*, New York, Ballantine Books, 1982.

第 4 章

1 Richard Harris, *Rigor Mortis: How Sloppy Science Creates Worthless Cures, Crushes Hope, and Wastes Billions*, New York, Basic Books, 2017.

2 M. Baker, '1,500 Scientists Lift the Lid on Reproducibility', *Nature*, vol. 533, 2016, pp. 452–454.

3 C. G. Begley and L. M. Ellis, 'Drug Development: Raise Standards for Preclinical Cancer Research', *Nature*, vol. 438, 2012, pp. 531–533.

4 參見 Y. A. de Vries et al., 'The Cumulative Effect of Reporting and Citation Biases on the Apparent Efficacy of Treatments: The Case of Depression', *Psychological Medicine*, 2018, pp. 1–3.

5 引述於 Tom Fielden, 'Most Scientists "Can't Replicate Studies by their Peers"', BBC Online, 22 February 2017.

6 Ishita Mishra, 'A Day in the Life of Rajeev Gupta, 52, a Dairy Farmer in Agra', *Indian Express*, 5 April 2017.

7 其實包括乳牛和水牛，但我會只說乳牛，就像他們一樣：Santosh Anagol, Alvin Etang and Dean Karlan, 'Continued Existence of Cows Disproves Central Tenet of Capitalism?', Working Paper 19437: http://

---

www.nber.org/papers/w19437.

8　Orazio Attanasio and Britta Augsburg, 'Holy Cows or Cash Cows', IFS working paper W14/14, July 2014.

9　參見約安尼迪斯在 2017 年 10 月美國統計協會（American Statistical Association）統計推論研討會上的報告。

10　美國的最低工資是另一個例子嗎？最低工資在多項研究中顯示為降低失業率，或對失業率沒有影響，即使是在同一項研究中，綜合結論也有激烈爭議。過度接觸這種爭議，你就會懷疑綜合結論該不該存在，因為在地細節可能有很高的情境敏感性，使得相關答案難以預料。這不是放棄的理由，但確實叫人謹慎行事。更微妙的問題很快就淹沒在偏頗、只能爭個「是」或「否」的公共論辯裡，兩者都是（我想）很可能無法推廣的一般答案。

11　Joseph P. Simmons et al., 'False Positive Psychology: Undisclosed Flexibility in Data Collection and Analysis Allows Presenting Anything as Significant', *Psychological Science*, vol. 22, no. 11, 2011, pp. 1359–1366. 出現了一個問題：我要如何支持用研究來質疑研究呢，為什麼相信某些論文而非其他論文呢？我傾向於看重沒那麼關注研究題目所拋出特定答案的人，他們更關注研究是否好好做，也就是關注研究方法。

12　J. Carp, 'The Secret Lives of Experiments: Methods Reporting in the fMRI Literature', *Neuroimage*, vol. 63, 2012, pp. 289–300.

13　J. Carp, 'On the Plurality of (Methodological) Worlds: Estimating the Analytic Flexibility of FMRI Experiments', *Frontiers of Neuroscience*, vol. 6, 2012, p. 149.

14　R. Silberzahn et al., 'Many Analysts, One Dataset: Making Transparent how Variations in Analytical Choices Affect Results', Open Science Framework, 2014.

15　John Bargh et al., 'Automaticity of Social Behavior: Direct Effects of Trait Construct and Stereotype Activation on Action', *Journal of*

Personality and Social Psychology, vol. 71, no. 2, 1996, pp. 230–244.

16 Fritz Strack et al., 'Inhibiting and Facilitating Conditions of the Human Smile: A Nonobtrusive Test of the Facial Feedback Hypothesis', Journal of Personality and Social Psychology, vol. 54, no. 5, 1988, pp. 768–777.

17 Stéphane Doyen et al., 'Behavioral Priming: It's All in the Mind, but Whose Mind?', *PLOS One*, 18 January 2012; H. Pashler et al., 'Elderly-Related Words Prime Slow Walking', http://www.PsychFileDrawer.org.

18 E.-J. Wagenmakers et al., 'Registered Replication Report: Strack, Martin, & Stepper (1988)', *Perspectives on Psychological Science*, 26 October 2016.

19 關於這些問題，有一份特別好的概述：Marcus R. Munafò et al., 'A Manifesto for Reproducible Science', *Nature Human Behaviour*, vol. 1, 10 January 2017.

20 參見網站：http://www.socialsciencesreplicationproject.com.

21 William G. Kaelin, 'Publish Houses of Brick, not Mansions of Straw', *Nature (News and Comment)*, 23 May 2017.

22 Vinayak K. Prasad and Adam S. Cifu, *Ending Medical Reversal*, Baltimore, Johns Hopkins University Press, 2015.

23 我在別處用較長篇幅來談，參見 'The Dark Side of Early Diagnosis', *Prospect Magazine*, August 2018.

24 例如，可參見 T. C. Hoffman and C. Del Mar, 'Patients' Expectations of the Benefits and Harms of Treatments, Screening, and Tests: A Systematic Review', *JAMA Internal Medicine*, vol. 175, no. 2, 2015, pp. 274–286; 以及 'Clinicians' Expectations of the Benefits and Harms of Treatments, Screening, and Tests: A Systematic Review', *JAMA Internal Medicine*, vol. 177, no. 3, 2017, pp. 407–419.

25 'Enhancing the Use of Scientific Evidence', Academy of Medical Sciences, July 2017.

26 Richard Harris, *Rigor Mortis: How Sloppy Science Creates Worthless*

Cures, Crushes Hope, and Wastes Billions, New York, Basic Books, 2017.

27 關於這個主題，我很喜歡的著作之一就是伍頓（David Wootton）的歷史書 *Bad Medicine: Doctors Doing Harm Since Hippocrates*, New York, Oxford University Press, 2007. 書中包含這樣的珠璣：「如同占星術史一樣，醫學史在細菌理論之前的真正難題，就是要弄清楚為什麼醫學可以充當知識。醫學的情況乍看之下又比占星術更棘手，因為占星術很難否證。」

28 約安尼迪斯就這個主題做了許多演講，都很好看。這場演講是柏林健康研究所（Berlin Institute of Health, BIH）第一次年度特別講座，可以在 YouTube 上找到。他那些已發表論文也極其可讀。

29 在報告統計顯著性時，都會用 $p < 0.05$ 做為標準。

30 John P. A. Ioannidis, T. D. Stanley and Hristos Doucouliagos, 'The Power of Bias in Economics Research', *Economic Journal*, vol. 127, 2017, F236–F265.

31 Colin F. Camerer et al., 'Evaluating Replicability of Laboratory Experiments in Economics', *Science*, 25 March 2016.

32 Monya Baker, '1,500 Scientists Lift the Lid on Reproducibility: Survey Sheds Light on the "Crisis" Rocking Research', *Nature (News and Comment)*, vol. 534, 25 May 2016.

33 例如，可參見 Blakeley B. McShane et al., 'Abandon Statistical Significance', 2017 (arXiv:1709.07588), 這篇文章把統計顯著性稱為「清洗不確定性」（uncertainty laundering）。本議題另一篇好概述是從批評角度出發：Regina Nuzzo, '*P* Values, the "Gold Standard" of Statistical Validity, Are Not as Reliable as Many Scientists Assume', *Nature*, vol. 506, 12 February 2014.

34 參見梅約（Deborah Mayo）的研究，可以看到所謂「頻率學派」理據穩健但不免技術性的辯護，請前往她的網站：https://errorstatistics.com.

35 參 見 Marcus R. Munafò and George Davey Smith, 'Robust Research Needs Many Lines of Evidence', *Nature (News and Comment)*, vol. 553, 23 January 2018; 以及 Debbie Lawlor, Kate Tilling and George Davey Smith, 'Triangulation in Aetiological Epidemiology', *International Journal of Epidemiology*, vol. 45, no. 6, 2016, pp. 1866–1886.

36 參見塔夫特的網站文章〈由統計圖表做出更好的推論〉（Making Better Inferences from Statistical Graphics）。

第 5 章

1 舉例來說，在政治學裡，這至少可以追溯到英國哲學家伯克（Edmund Burke），他把他所謂的「形上學家」（metaphysician）形容為「最愚蠢的人，只關注本質和共相，卻看不見有多少之分」。

2 Esther Duflo, 'The Economist as Plumber', *American Economic Review*, vol. 107, no. 5, 2017, pp. 1–26.

3 我認真考慮過納入一大段討論來談模型。模型是複雜世界中因果關係（或其中某些有限的面相）的表徵，體現為一種可管控、通常是數學的形式。模型是試圖組織我們想法的合理方式，人們通常這麼辯護：全用模型是錯的，但模型有些有用（最早出自統計學家博克斯〔George Box〕）。

我認為「有些有用」裡的「有些」可能沒有我們所希望的比例那麼大。模型的效用很容易被誇大，就算我們繼續說某個模型可能出錯，但只要它別錯得太厲害，都還是有利於政策決定，而我們可以用敏感性測試來估計這種潛在錯誤的程度。

許多精通建模的人比我更知道這些論點，而且知道一個模型裡存在著許多潛在失敗的層面，尤其是我們難以在混亂的「外頭」驗證模型正確或錯誤的程度，這是因為外頭的其他事物並未保持相等。

因為我們只能測試已知方面的敏感性，所以我特別關注的是，好的模型有多大程度可以宣稱具有普遍性，或有多大程度將傾向於情境

特定，以及某個相關議題——也就是模型有多麼容易出錯，還錯到一無是處。

一旦我們以為模型跟數學有關，所以應該視為客觀，那我們可能就會忽略專家建構模型必然會有的選擇主觀性（如我所說，模型是一種組織個人想法和判斷的手段）。只要我們承認主觀性，它就不是問題，但如果我們假裝它不起作用，它就會很嚴重。

如我所說，我絕不認為所有模型都沒有用。本書也有一些贊同的例子。我只是懷疑過度自信的案例，尤其是那些觸及公眾的模擬結果，因為公眾往往不太能識別不確定性。

想要對這些問題採取批判性方法的人最好先讀讀凱伊的〈地圖並不等於領土〉（The Map is Not the Territory），這篇關於經濟學建模的文章就放在他的網站：https://www.johnkay.com.

4　Tom Gash, *Criminal: The Truth About Why People Do Bad Things*, London, Allen Lane, 2016: an excellent book; clear, thoughtful and readable.

5　亦參見 Pat Mayhew, Ronald V. Clarke and David Elliott, 'Motorcycle Theft, Helmet Legislation and Displacement', *Howard Journal of Crime and Justice*, vol. 28, no. 1, 1989.

6　這些批評已整理（和標注）在一本反對目前研究方法的深刻著作：Raymond Hubbard, *Corrupt Research – The Case for Reconceptualizing Empirical Management and Social Science*, London, Sage, 2015.

7　Duncan J. Watts, 'Should Social Science be More Solution-Oriented?', *Nature Human Behaviour*, vol. 1, 10 January 2017, article number 0015.

8　Watts, 'Should Social Science be More Solution-Oriented?'.

9　經濟學家凱因斯在 1930 年提到，「如果經濟學家能讓自己看起來像是牙醫那般謙遜、能幹的人，那就很了不起了。」經驗主義在經濟學裡目前是個熱門主題——又一個把重點移開理論的領域。關於這項趨勢的討論，可參見「彭博觀點」（Bloomberg View）史密士（Noah Smith）的網誌和專欄。

10　Abhijit Banerjee, 'Inside the Machine', *Boston Review*, March/April 2007.

11　參見十五位一流經濟學家合著的 'Buzzwords and Tortuous Impact Studies Won't Fix a Broken Aid System', *Guardian*, 16 July 2018.

12　Cabinet Office Behavioural Insights Team, 'Applying Behavioural Insights to Organ Donation: Preliminary Results from a Randomized Controlled Trial', December 2013.

13　Tim Harford, 'Behavioural Economics and Public Policy', *Financial Times*, 21 March 2014. 充分揭露：哈福德也是《數字知多少》的主持人，那是我在多年前幫忙開設的電台節目。

14　引述於前揭 Tim Harford, in 'Behavioural Economics and Public Policy'.

15　在公衛領域，這又稱為「特殊主義」（particularism）：是否存在著一般解釋可以說明為什麼有些地方變得更健康、而其他地方則否，或者每條軌跡都有它自己的解釋呢？庫尼茨（Stephen Kunitz）是很有說服力的特殊主義者，參見他的專書：*Regional Cultures and Mortality in America*, Cambridge, Cambridge University Press, 2014. 相同的特殊主義和一般解釋之爭也發生於演化領域。

第 6 章

1　正如金恩就商業和經濟所表示的（參見第 3 章），機率也會讓人用來假裝對未來有知識和掌控，而這種知識和掌控根本不可能存在。

2　至少，這是根據很多種機率概念裡的其中一種。有一份出色的調查涵蓋了機率可以意指的許多東西，尤其是「群體主義」與「個體主義」的解釋，請參見 Philip Dawid, 'On Individual Risk', *Synthese*, vol. 194, no. 9, 2017, pp. 3445–3474.

3　K. B. Sondergaard et al., 'Non-steroidal Anti-inflammatory Drug Use is Associated with Increased Risk of Out-of-Hospital Cardiac Arrest:

A Nationwide Case-time-control Study', *European Heart Journal – Cardiovascular Pharmacotherapy*, vol. 3, no. 2, 2017, pp. 100–107.

4　我在溫頓風險和證據傳播中心（Winton Centre for Risk and Evidence Communication）的網誌撰文談到這個案例：'Here we go again', 21 March 2017.

5　例如，可參見 James Ware, 'The Limitations of Risk Factors as Prognostic Tools', *New England Journal of Medicine*, 21 December 2006; 以及 Tjeerd-Pieter van Staa et al., 'Prediction of Cardiovascular Risk Using Framingham, ASSIGN and QRISK2: How Well Do They Predict Individual Rather than Population Risk?', PLOS One, 1 October 2014.

6　這是某些統計學家常用的譬喻。我自己也很喜歡。但是，我們就快討論起貝氏統計學了，還是忍住比較好。讀者可在別處找到很多這類討論。

7　我們根本沒有資料可以在個體層次衡量藥效。有些人以為我們有，但要從一個層次開始轉換到另一個層次，需要一連串的醫學試驗，得到同一個人進行多次測試，也就是單人交叉臨床試驗（N of 1 trials），而這並不是標準做法。

8　關於 NNTs 計算方式的好解釋、相關優點、以及各療法 NNTs 的可搜尋資料庫，參見：https://www.thennt.com.

9　森恩（Stephen Senn）在兩篇文章中討論了個體反應的廣大變異性，這種變異性可以產生圖中所示的那種平均效果，但可能也和一組截然不同的個體反應完全一致，參見：https://errorstatistics.com: 'Responder Despondency' and 'Painful Dichotomies'. 關鍵的是，任何特定個體在某項醫學試驗裡的反應變異性通常都會和其他人一起整合。亦參見森恩的論文：'Mastering Variation: Variance Components in Personalized Medicine', *Statistics in Medicine*, 28 September 2015.

10　關於 NNTs 資料庫，同樣參見以下網站：https://www.thennt.com.

11　這並不排除反應者和不反應者之間有相同一致的個人差異——很可

能就是發生了什麼事情。我們可以設置單人交叉臨床試驗來檢視同一個人不只一次，以試著進一步探討這樣的效果。一般來說，我們實在不曉得個人反應是不是解答。

12　在其他地方，平均值的群體層次知識和平均值如何連結到個體之間的關係被稱為 G2i 問題。參見 David L. Faigman, John Monahan and Christopher Slobogin, 'Group to Individual (G2i) Inference in Scientific Expert Testimony', *University of Chicago Law Review*, vol. 81, no. 2, 2014.

13　我很喜歡的（退休）醫學統計學家森恩並不欣賞。

14　同樣參見：https://www.thennt.com/thennt-explained/.

15　參見我與史匹格哈特爾合著的 *The Norm Chronicles: Stories and Numbers about Danger*, London, Profile Books, 2013.

16　在英國，許多醫生一直很不願意為病人提供失智症篩檢。在 2015 年《倫敦書評》（*London Review of Books*）一封投書上，有位教授兼大學失智症診療中心主任寫道：「愈快有人去告家庭醫師未能儘早診斷〔失智症〕，愈好。」

17　Anna Hodgekiss, 'Pensioner Told She Had Dementia and Sold Her House to Pay for Care is Told 18 Months Later there is NOTHING Wrong with Her', *Daily Mail*, 14 October 2014.

18　麥卡特尼（Margaret McCartney）醫師在 2015 年寫給《倫敦書評》的投書。

19　假設他們認為沒有其他壓倒性的考慮，像是個人自由。

20　參見史匹格哈特爾教授在溫頓中心網站上的網誌〈（再談）酒精的風險〉（The Risks of Alcohol (Again)）：https://medium.com/wintoncentre/the-risks-of-alcohol-again-2ae8cb006a4a. 原始論文：'Alcohol Use and Burden for 195 Countries and Territories, 1990–2016: A Systematic Analysis for the Global Burden of Disease Study 2016', *Lancet*, vol. 392, 23 August 2018.

21　Beverly Rockhill, 'Theorizing About Causes at the Individual Level

While Estimating Effects at the Population Level: Implications for Prevention', *Epidemiology*, vol. 16, no. 1, 2005, pp. 124–129.

22 森恩、史匹格哈特爾和戴維‧史密斯都有所懷疑。

第 7 章

1 *The Official Report of the Fukushima Nuclear Accident Independent Investigation Commission*, Government of Japan, 2012.

2 然而，還是有幾十件身體損傷和一些老人死亡被歸因於附近一家醫院的疏散措施。某些工人也暴露於高劑量輻射。

3 迪爾諾和我以前常常讓人估計每年有多少件未成年懷孕。答案都高得可笑。最近，益普索－莫里（Ipsos-Mori）的市場研究人員在一項有關基本社會統計數據的公眾知識調查中問了相同問題。他們發現同樣的超高估計值。大家要麼真的以為問題比實際上嚴重得多，要麼就是好不容易才給出這些估計數字。未成年懷孕率的改善既實在又重大，但大多沒人注意。

4 A. J. Mason-Jones et al., 'School-based Interventions for Preventing HIV, Sexually Transmitted Infections, and Pregnancy in Adolescents', Cochrane, 8 November 2016.

5 C. Oringanje et al., 'Interventions for Preventing Unintended Pregnancy Among Adolescents', Cochrane, 3 February 2016.

6 Sourafel Girma and David Paton, 'Is Education the Best Contraception? The Case of Teenage Pregnancy in England', *Social Science & Medicine*, vol. 131, 2015, pp. 1–9.

7 在英格蘭，義務教育的離校日期並沒有重大改變。1996 年《教育法令》（Education Act 1996）將日期統一為學生滿 16 歲學年的 6 月最後一個星期五，讓某些學生的離校日期增加了幾個月。對於那些生日較早的學生來說，他們原先有可能早一點離校。2008 年（我們的關鍵期程）《教育及技能法令》（Education and Skills Act

2008）將年輕人必須在學或受訓的年齡提高到 17 歲，但直到 2013年才生效。

8　Catherine H. Mercer et al., 'Changes in Sexual Attitudes and Lifestyles in Britain through the Life Course and Over Time: Findings from the National Surveys of Sexual Attitudes and Lifestyles (Natsal)', *Lancet*, vol. 382, no. 9907, 2013, pp. 1757–1856.

9　Laura Lindberg, John Santelli and Sheila Desai, 'Understanding the Decline in Adolescent Fertility in the United States, 2007–2012', *Journal of Adolescent Health*, vol. 59, no. 5, 2016, pp. 577–583.

10　有些讀者在這裡會再次想到複雜性和混沌的構想。我認為這些是有用的類比，因為它們強調細小因果影響的微妙、互動性力量。有位致力於複雜性理論的學者也擔任政府顧問，他告訴我說，要說服那些官員他們不是在一台簡單的機器上拉動連桿，可是一項很艱巨的任務。

11　Nancy Cartwright and Jeremy Hardie, *Evidence Based Policy: A Practical Guide to Doing it Better*, Oxford, Oxford University Press, 2012.

12　在我比較激進的時候，我無法肯定因果關係是否就像我們通常所想的那樣存在。前面引用過的統計學教授達維德（Philip Dawid）就曾這麼說：「雖然我們可能在智識宇宙中那些理論裡，為因果術語找到用途，但這些術語在物理宇宙裡沒有直接的外在指涉。」我發現他所做的區分很有用，他把理論和物理這兩個宇宙區分開來了。
　　「物理宇宙……只是自行其是，完全不知道、也不關心我們任何的智識理論」：Philip Dawid, 'Probability, Causality and the Empirical World', *Statistical Science*, vol. 19, no. 1, 2004.

13　Jerker Denrell and Chengwei Liu, 'Top Performers are not the Most Impressive when Extreme Performance Indicates Unreliability', *Proceedings of the National Academy of Sciences*, vol. 109, no. 24, 2012, pp. 9331–9336.

第 8 章

1 From Chapter 6, 'On Induction', in *The Problems of Philosophy*, 1912.

2 例子很多，可參見 Anthony King and Ivor Crewe, *The Blunders of our Governments*, London, Oneworld, 2013.

3 參見美國福特號航母的龐大成本超支和技術問題的各項報導，甚至是任何國家的任何大規模政府採購的報導，還有許多其他的例子，尤其是採購新的軟體和資訊系統。

4 相對於最終出現的政策，《財政部綠皮書》（*The Treasury Green Book*）可能相當合理。它是中央政府政策選項評估和評價的指引，提到諸如此類的潛在問題，像是意外後果、樂觀偏誤、誘因會被操弄的可能性、甚至對多種選擇進行實證測試的價值 一本書會衷心為這種過程背書。至於政策怎麼會從開始施行那天，從這裡走向陷入泥沼，是政府很有意思的一個面相，你可以坐下來好好觀察。

5 'The modern industrial strategy will back Britain for the long term: creating the conditions where successful businesses can emerge and grow' – Theresa May, 23 January 2017.

6 'Reforms to Apprenticeship Funding in England', Institute for Fiscal Studies, January 2017, also published as part of the IFS Green Budget, February 2017.

7 到了次年 2 月，英國工業聯合會（Confederation of British Industry, CBI）這個雇主組織表示，這項課捐「並不適得其用」。話說回來，也許 CBI 就會那麼說。

8 Ian Cobain, 'The Making of an Education Catastrophe – Schools in Knowsley were Dubbed "Wacky Warehouses"', *Guardian*, 29 January 2017.

9 *All Change: Why Britain is so Prone to Policy Reinvention, and What Can be Done About It*, London, Institute for Government, March 2017.

10 Charles Manski, 'Policy Analysis with Incredible Certitude', *Economic*

Journal, vol. 121, no. 554, 2011, F261–F289.

11 *The Future of Productivity*, OECD, 2015.

12 實際上，我認為你應該對本書說同樣的話；如果你不拒絕本書，那就會讓你傾向於相信你應該同樣拒絕的其他所有主張。

13 此語出自 Richard Nisbett's *Mindware: Tools for Smart Thinking*, London, Allen Lane, 2015, 這是一份很好的調查，只可惜有些例子後來未能成功複製。

14 正如英國國家統計學家普林格（John Pullinger）最近對英國皇家統計學會（他是前主席）的評論裡所說：「我們需要瞭解自己聰明的局限……」（回覆主席講話，2017 年），這話我就恭敬的剽取下來了。

15 From an essay for Cambridge University's Bennett Institute for Public Policy: 'Remaking Public Policy in the 21st Century'. Available at: https://www.bennettinstitute.cam.ac.uk/publications.

16 Sarah O'Connor, 'The Best Economist is One with Dirty Shoes', *Financial Times*, 19 July 2016.

17 本章關於貿易的討論基於奧特、多恩（David Dorn）和漢森（Gordon Hanson）的研究，我很感激他們。尤其參見三人的文章：'The China Shock: Learning from Labour Market Adjustment to Large Changes in Trade', *Annual Review of Economics*, vol. 8, 2016, pp. 205–240. 亦參見 Justin Pierce and Peter Schott, 'The Surprisingly Swift Decline of US Manufacturing Employment', *American Economic Review*, vol. 106, no. 7, 2016, pp. 1632–1662.

18 注意：是製造業出口份額，而不是製造業總量的份額。

19 中國在 2001 年成為 WTO 成員國，這似乎讓海外投資者放心，相信中國有長期的貿易意圖。

20 尤其參見 Jonathan Rothwell, 'Cutting the Losses: Reassessing the Costs of Import Competition to Workers and Communities', 19 October 2017, Available at SSRN: https://ssrn.com/abstract=2920188.

第9章

1 凱伊的各項著作都有描述有紀律的多元化，尤其參見：*The Truth About Markets*, London, Penguin, 2004.

2 我在廣播 4 台同事哈福德建議我們用一項最佳公共改變心意獎來鼓勵更多凱伊般的紀律。

3 David Halpern, *Inside the Nudge Unit: How Small Changes Can Make a Big Difference*, London, W. H. Allen, 2015.

4 行為洞察團隊（又名輕推單位）的網站有好用資源，包括關於政府實驗的論文，例如：〈測試、學習、調整〉（Test, Learn, Adapt）。

5 Gabriel Ahlfeldt et al., 'The Economics of Density: Evidence from the Berlin Wall', *Econometrica*, vol. 83, no. 6, 2015, pp. 2127–2189.

6 在這句話背後，有一場愈發焦慮的爭議是關於隨機對照試驗的價值。總體來說，我喜歡隨機對照實驗。做得好的話，它們是很好的開始，而且有些相關的反對似乎過頭了。但是，它們並不完美，它們往往沒有預期中那麼能推廣，尤其是在社會科學領域。有興趣的讀者可以查閱迪頓（Angus Deaton）和卡特賴特等方法論批評家的研究，以及森恩等辯護者的研究。

7 參見皮尤研究中心（Pew Research Center）關於「美國兩極化」的成果、以及上一章。

8 改編自 Blakeley B. McShane et al. 'Abandon Statistical Significance', *The American Statistician*, vol. 73, 2019, pp.235–245.

9 Unpublished research by the Winton Centre for Evidence and Risk Communication.

10 參見 Hamilton Project, Policy Memo, May 2014. 他們的資料來源：Bruce Western and Christopher Wildeman, 'The Black Family and Mass Incarceration', *Annals of the American Academy of Political and Social Science*, vol. 621, 2009, pp. 221–242. 從那時候開始，所有群體的入

獄率都有所下降，但黑人和白人之間的差距可能有所擴大。

11　Tim Harford's book *Adapt: Why Success Always Starts with Failure, London, Little*, Brown, 2011. 此書提出好理由叫人試著在商界和別處擁抱顛覆。

12　Andrew Gelman and Thomas Basbøll, 'When Do Stories Work?', *Sociological Methods & Research*, vol. 43, no. 4, 2014, pp. 547–570.

13　William Bateson, 'The Method and Scope of Genetics', Inaugural Lecture delivered 23 October 1908, Cambridge.

後記

1　我之所以想要試著傳達機遇背後那些生動、具體的故事，有部分是啟發自戴維・史密斯的論文〈黯淡前景〉（The Gloomy Prospect）。當我第一次聽到他談論吸菸者溫妮的假想救命咳嗽，我環顧觀眾席，看到一種不安的好奇。我想這有點嚇到大家。

戴維・史密斯本人對機遇／隨機性／或然性的講法很滿意，但他也說這些課題是研究中最被忽視的面相。我同意——我猜你忍不住想問問為什麼。

我想要有個辦法能讓它們在研究中及其他地方都不那麼被忽視、也不那麼抽象。出於這個理由，我多半避免機遇的講法，並試著發展戴維・史密斯本身很有說服力的具現化。

國家圖書館出版品預行編目 (CIP) 資料

只有一半的真相：為什麼科學看不到全貌?/ 布拉斯藍德
(Michael Blastland) 著；陳義仁譯 . -- 第一版 . -- 臺北
市：遠見天下文化出版股份有限公司 , 2020.11
　　面；　公分 . --（科學文化；199）
譯自：The hidden half : how the world conceals its secrets
ISBN 978-986-525-005-8（平裝）

1. 知識論　2. 邏輯

161　　　　　　　　　　　　　　　109018240

科學文化 199

只有一半的真相
為什麼科學看不到全貌？
The Hidden Half: How The World Conceals Its Secrets

原　　　著 —— 布拉斯藍德（Michael Blastland）
譯　　　者 —— 陳義仁
科學叢書策劃群 —— 林和（總策劃）、牟中原、李國偉、周成功

總 編 輯 —— 吳佩穎
編輯顧問 —— 林榮崧
責任編輯 —— 吳育燐
美術設計暨封面設計 —— bianco tsai

出 版 者 —— 遠見天下文化出版股份有限公司
創 辦 人 —— 高希均、王力行
遠見・天下文化・事業群　董事長 —— 高希均
事業群發行人／CEO —— 王力行
天下文化社長 —— 林天來
天下文化總經理 —— 林芳燕
國際事務開發部兼版權中心總監 —— 潘欣
法律顧問 —— 理律法律事務所陳長文律師　著作權顧問 —— 魏啟翔律師
社　　　址 —— 台北市 104 松江路 93 巷 1 號 2 樓
讀者服務專線 —— 02-2662-0012　　　傳真 —— 02-2662-0007；02-2662-0009
電子信箱 —— cwpc@cwgv.com.tw
直接郵撥帳號 —— 1326703-6 號　遠見天下文化出版股份有限公司

電腦排版 —— 黃秋玲
製 版 廠 —— 東豪印刷事業有限公司
印 刷 廠 —— 祥峰印刷事業有限公司
裝 訂 廠 —— 聿成裝訂股份有限公司
登 記 證 —— 局版台業字第 2517 號
總 經 銷 —— 大和書報圖書股份有限公司　電話 —— 02-8990-2588
出版日期 —— 2021 年 7 月 13 日第一版第 2 次印行

Copyright © Michael Blastland, 2019
First published in hardback and trade paperback in Great Britain in 2019 by Atlantic Books,
an imprint of Atlantic Books Ltd.
Complex Chinese Translation copyright © 2020 by Commonwealth Publishing Co., Ltd.,
a division of Global Views - Commonwealth Publishing Group
ALL RIGHTS RESERVED

定價 —— NT400 元
書號 —— BCS199
ISBN —— 978-986-525-005-8（英文版 ISBN：9781786497772）

天下文化官網 —— bookzone.cwgv.com.tw

本書如有缺頁、破損、裝訂錯誤，請寄回本公司調換。
本書僅代表作者言論，不代表本社立場。

天下‧文化
BELIEVE IN READING